Level

3

초등영문법

문장

의

원리

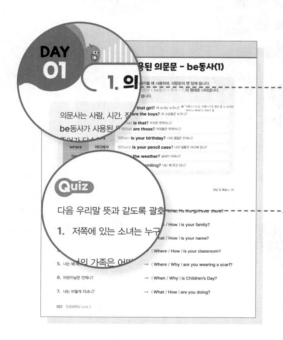

구성과 특징

▶ 영어 문장의 구성 원리를 깨우치는 5단계 학습

〈초등영문법 문장의 원리〉는 초등학생이 알아야 할 문장의 기본 원리를 담은 책이에요.
〈문장의 기본 원리 학습 ➡ Quiz로 확인하기 ➡ 문장의 빈칸 채우기 ➡ Review Test로 확인하기 ➡ 통문장 쓰기〉의
5단계로 학습해요. 기본 개념 익히기에서 통문장 만들기까지 자연스럽게 영어 실력을 쌓아보세요!

1 Basic Principle

문장의 기본 원리 익히기

초등학생이 알아야 할 영어 문장의 기본 원리를 담았어요.
쉬운 설명으로 중요한 내용을 한눈에 이해할 수 있어요!

2 Quick Check

Quiz로 개념 이해 확인하기

Quiz로 기본 원리를 잘 이해했는지 확인할 수 있어요.
영어가 어렵거나 재미없다고 생각하지 않도록 쉬운 문제들로 구성했으
니, 한 문제 한 문제 차근차근 풀어보세요!

3 Simple Writing

간단한 쓰기로 실력 Build up!

공부한 원리로 문장이 어떻게 만들어지는지 살짝 맛볼 수 있어요.
이렇게 조금씩 조금씩 통문장을 쓸 준비를 해나가는 거예요!

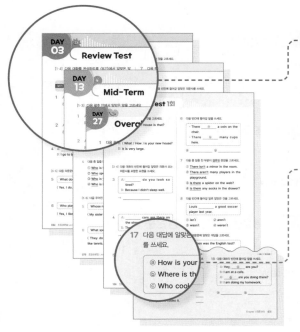

❹ Multiple Check

다양한 테스트로 탄탄한 실력 Up!

• Review Test 8회 ➡ Mid-Term과 Finals ➡ Overall Test 3회
다양한 테스트를 통해 문장의 기본 원리를 빈틈없이 복습할 수 있어요.
반복으로 다진 탄탄한 실력이 영어에 대한 자신감을 높여준답니다!

▶ 중학교 시험에는 이렇게!

실제 중학교에서 출제된 문제 유형을 살펴볼 수 있어요.
중학교 시험 문제를 풀어보며 도전 의식도 기르고, 공부의 방향도 점검해
보세요.

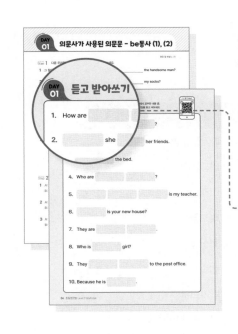

❺ Making Sentences

통문장 만들기 도전!

본책에서 공부한 원리가 문장에서 어떻게 적용되어 쓰이는지 익혀
보세요.
처음부터 바로 통문장을 쓰기보다는 〈원리 재확인 문제 ➡ 빈칸 채우
기 또는 틀린 곳 고쳐쓰기 ➡ 배열하기 ➡ 통문장 쓰기〉의 기본 과정
을 거치며 차츰 통문장 쓰기에 도전할 수 있어요!

▶ 듣고 받아쓰기

Day 마다 10문장을 듣고 받아쓰기를 해보세요.
초등 필수 영단어, 잘못 듣기 쉬운 단어, 덩어리로 쓰이는 표현 등을 듣
고 쓰면서 하루 학습을 완벽히 마무리할 수 있어요.

► Level 3

차례

► 초등영문법 문장의 원리 LEVEL 1, 2, 4에서 공부하는 내용

LEVEL 1	LEVEL 2	LEVEL 4
1. 문장의 구성	1. 일반동사(1)	1. 과거진행형
2. 명사(1)	2. 일반동사(2)	2. 미래(1)
3. 명사(2)	3. 형용사	3. 미래(2)
4. 관사	4. 기수와 서수	4. 비교급
5. 대명사(1)	5. some, any, every, all	5. 최상급
6. 대명사(2)	6. 부사	6. 접속사
7. be동사(1)	7. 현재진행형	7. 부가의문
8. be동사(2)	8. 전치사	8. 다양한 의미의 It is ~

학습 계획표

DAY	Chapter	학습 내용	학습 날짜
DAY 01		1-2 의문사가 사용된 의문문 – be동사(1), (2)	/
DAY 02	1. 의문사(1)	3-4 의문사가 사용된 의문문 – 일반동사(1), (2)	/
DAY 03		Review Test ｜ Word Review	/
DAY 04		1 의문사 + 명사	/
DAY 05	2. 의문사(2)	2 의문사 how + many[much] ｜ 3 의문사 how + 형용사[부사]	/
DAY 06		Review Test ｜ Word Review	/
DAY 07		1 There is ~ / There are ~	/
DAY 08	3. There is[are] ~	2 There is[are] not ~ ｜ 3 Is[Are] there ~?	/
DAY 09		Review Test ｜ Word Review	/
DAY 10		1 be동사의 과거형 ｜ 2 be동사 과거형의 부정문	/
DAY 11	4. be동사의 과거	3 be동사 과거형의 의문문(1) ｜ 4 be동사 과거형의 의문문(2)	/
DAY 12		Review Test ｜ Word Review	/
DAY 13	Mid-Term		/
DAY 14		1-2 일반동사 과거형의 규칙변화 / 불규칙변화	/
DAY 15	5. 일반동사의 과거	3-4 일반동사 과거형의 부정문 / 의문문	/
DAY 16		Review Test ｜ Word Review	/
DAY 17		1 조동사 can(1) ｜ 2 조동사 can(2)	/
DAY 18	6. 조동사(1)	3 조동사 may	/
DAY 19		Review Test ｜ Word Review	/
DAY 20		1 조동사 must	/
DAY 21	7. 조동사(2)	2 조동사 shall/should	/
DAY 22		Review Test ｜ Word Review	/
DAY 23		1 명령문 ｜ 2 청유문	/
DAY 24	8. 명령문, 청유문, 감탄문	3 감탄문(1) ｜ 4 감탄문(2)	/
DAY 25		Review Test ｜ Word Review	/
DAY 26	Finals		/
DAY 27	Overall Test 1회		/
DAY 28	Overall Test 2회		/
DAY 29	Overall Test 3회		/

초등 필수 영단어 800

🎧 듣기 MP3

다음은 교육부가 지정한 **800개의 초등 필수 영단어**입니다.
본 교재를 학습하기 전 본인의 어휘 실력을 체크한 후, 모르는 단어는 반드시 익히도록 하세요!

No. 1 ~ 250 난이도 ★

1	a	하나의	☐	27	boat	배	☐
2	after	~후에, ~뒤에	☐	28	body	몸, 신체	☐
3	air	공기	☐	29	book	책	☐
4	and	그리고	☐	30	boot(s)	부츠, 장화	☐
5	ant	개미	☐	31	boy	소년	☐
6	apple	사과	☐	32	bread	빵	☐
7	arm	팔	☐	33	brother	남자형제(형, 남동생, 오빠)	☐
8	aunt	이모, 고모	☐	34	brown	갈색; 갈색의	☐
9	baby	아기	☐	35	bug	벌레, 곤충	☐
10	back	뒤, 등; 뒤쪽의; 뒤로	☐	36	busy	바쁜	☐
11	bad	나쁜	☐	37	but	그러나	☐
12	ball	공	☐	38	button	단추	☐
13	balloon	풍선	☐	39	buy	사다	☐
14	basket	바구니	☐	40	can	~할 수 있다, ~해도 된다	☐
15	bat	박쥐	☐	41	candy	사탕	☐
16	be	~이다, (~에) 있다	☐	42	cap	모자	☐
17	bear	곰	☐	43	car	자동차	☐
18	bed	침대	☐	44	carrot	당근	☐
19	bedroom	침실	☐	45	cat	고양이	☐
20	bee	벌	☐	46	chair	의자	☐
21	bell	종	☐	47	circle	원	☐
22	big	큰, 중요한	☐	48	clean	청소하다; 깨끗한	☐
23	bird	새	☐	49	clock	시계	☐
24	birthday	생일	☐	50	close	닫다; 가까운	☐
25	black	검은색; 검은	☐	51	cloud	구름	☐
26	blue	파란색; 파란	☐	52	cold	추운, 차가운	☐

53	color	색깔	☐
54	come	오다	☐
55	cook	요리하다; 요리사	☐
56	cookie	쿠키, 과자	☐
57	cool	서늘한, 멋진	☐
58	cow	젖소, 소	☐
59	crown	왕관	☐
60	cry	울다, 외치다	☐
61	cute	귀여운	☐
62	dad	아빠	☐
63	dance	춤추다; 춤	☐
64	day	날, 하루, 낮	☐
65	desk	책상	☐
66	dish	접시	☐
67	do	하다	☐
68	doctor	의사, 박사	☐
69	dog	개	☐
70	doll	인형	☐
71	dolphin	돌고래	☐
72	door	문	☐
73	down	아래에, 아래로	☐
74	drink	마시다; 음료수	☐
75	drive	운전하다	☐
76	duck	오리	☐
77	ear	귀	☐
78	earth	지구	☐
79	easy	쉬운	☐
80	egg	달걀, 알	☐
81	elephant	코끼리	☐
82	eraser	지우개	☐

83	eye	눈	☐
84	face	얼굴	☐
85	family	가족	☐
86	fan	부채, 선풍기	☐
87	fast	빠른; 빨리	☐
88	fat	뚱뚱한; 지방	☐
89	father	아버지	☐
90	finger	손가락	☐
91	finish	마치다	☐
92	fire	불	☐
93	fish	물고기	☐
94	flag	깃발	☐
95	flower	꽃	☐
96	fly	날다; 파리	☐
97	fog	안개	☐
98	food	음식, 식품	☐
99	foot	발	☐
100	fox	여우	☐
101	friend	친구	☐
102	frog	개구리	☐
103	front	앞	☐
104	ghost	유령	☐
105	girl	소녀	☐
106	go	가다	☐
107	gold	금	☐
108	good	좋은	☐
109	grape	포도	☐
110	green	녹색; 녹색의	☐
111	gray/grey	회색; 회색의	☐
112	hair	머리카락, 털	☐

113	hand	손	☐
114	handsome	잘생긴	☐
115	happy	행복한	☐
116	hat	모자	☐
117	have	가지다	☐
118	he	그는	☐
119	head	머리	☐
120	hello	안녕하세요	☐
121	help	돕다; 도움	☐
122	home	집; 집의; 집에	☐
123	honey	꿀	☐
124	horse	말	☐
125	hot	뜨거운, 더운	☐
126	house	집	☐
127	I	나는	☐
128	ice	얼음	☐
129	in	~안에	☐
130	it	그것은, 그것을	☐
131	key	열쇠	☐
132	kid	아이, 어린이	☐
133	king	왕	☐
134	kitchen	부엌	☐
135	knife	칼	☐
136	lake	호수	☐
137	leg	다리	☐
138	like	좋아하다	☐
139	lion	사자	☐
140	lip	입술	☐
141	long	긴; 오래	☐
142	little	작은, 약간의	☐
143	look	보다	☐
144	love	사랑하다, 매우 좋아하다	☐
145	make	만들다	☐
146	man	남자, 사람	☐
147	map	지도	☐
148	milk	우유	☐
149	mirror	거울	☐
150	money	돈	☐
151	monkey	원숭이	☐
152	moon	달	☐
153	mother	어머니	☐
154	mouse	쥐	☐
155	mouth	입	☐
156	music	음악	☐
157	name	이름	☐
158	neck	목	☐
159	no	없다, 아니다	☐
160	nose	코, 후각	☐
161	not	~않다, 아니다	☐
162	old	나이든, 오래된, 낡은	☐
163	on	~위에	☐
164	one	하나	☐
165	open	열다	☐
166	pants	바지	☐
167	park	공원	☐
168	pig	돼지	☐
169	pink	분홍색; 분홍색의	☐
170	play	놀다, 연주하다, 경기하다	☐
171	potato	감자	☐
172	puppy	강아지	☐

173	queen	여왕	☐
174	rabbit	토끼	☐
175	rain	비; 비가 오다	☐
176	rainbow	무지개	☐
177	red	붉은색; 붉은	☐
178	ring	반지	☐
179	river	강	☐
180	road	도로, 길	☐
181	rock	바위	☐
182	room	방	☐
183	run	달리다	☐
184	sad	슬픈	☐
185	say	말하다	☐
186	school	학교	☐
187	scissors	가위	☐
188	sea	바다	☐
189	see	보다	☐
190	she	그녀는	☐
191	shoe	신발	☐
192	short	짧은, 키가 작은	☐
193	shop	가게	☐
194	sing	노래하다	☐
195	sister	여자형제(여동생, 언니, 누나)	☐
196	sit	앉다	☐
197	skirt	치마	☐
198	sky	하늘	☐
199	sleep	자다	☐
200	slow	느린; 느리게	☐
201	small	작은, 소규모의	☐
202	smart	똑똑한	☐

203	smell	냄새; 냄새맡다	☐
204	smile	미소; 미소짓다	☐
205	snow	눈; 눈이 내리다	☐
206	sock	양말	☐
207	son	아들	☐
208	song	노래, 곡	☐
209	spoon	숟가락	☐
210	stop	멈추다, 중단하다	☐
211	strawberry	딸기	☐
212	strong	강한, 튼튼한, 힘센	☐
213	student	학생	☐
214	study	공부하다	☐
215	sun	태양, 해	☐
216	swim	수영하다	☐
217	table	탁자	☐
218	tall	키가 큰	☐
219	they	그들은, 그것들은	☐
220	this	이것; 이	☐
221	tiger	호랑이	☐
222	time	시간	☐
223	today	오늘	☐
224	tooth	이, 이빨	☐
225	top	위쪽의, 최고인; 꼭대기	☐
226	tower	탑, 타워	☐
227	town	마을, 도시	☐
228	toy	장난감	☐
229	tree	나무	☐
230	umbrella	우산	☐
231	uncle	삼촌, 아저씨	☐
232	under	～아래에	☐

233	up	～위에; 위로	☐
234	very	매우, 아주	☐
235	wash	씻다, 세탁하다	☐
236	water	물	☐
237	watermelon	수박	☐
238	we	우리는	☐
239	weather	날씨	☐
240	wet	젖은, 축축한	☐
241	white	흰 색; 하얀	☐
242	wind	바람, 풍력	☐
243	window	창문, 창	☐
244	woman	여성, 여자	☐
245	yellow	노란색; 노란색의	☐
246	yes	네	☐
247	you	너는, 너희는, 너를, 너희를	☐
248	young	젊은, 어린	☐
249	zebra	얼룩말	☐
250	zoo	동물원	☐

No. 251 ~ 500 난이도 ★★

251	A.M./a.m.	오전	☐
252	about	～에 대하여	☐
253	afternoon	오후	☐
254	age	나이	☐
255	airplane	비행기	☐
256	airport	공항	☐
257	all	모든; 모두	☐
258	angel	천사	☐
259	animal	동물	☐

260	answer	대답하다; 대답	☐
261	art	예술, 미술	☐
262	ask	묻다, 요청하다	☐
263	bake	굽다	☐
264	bank	은행	☐
265	baseball	야구	☐
266	basketball	농구	☐
267	bath	목욕	☐
268	bathroom	욕실, 화장실	☐
269	beach	해변, 바닷가	☐
270	bean	콩	☐
271	because	～때문에	☐
272	beef	소고기	☐
273	before	～전에; 이전에	☐
274	bell	종	☐
275	bicycle	자전거	☐
276	blood	혈액, 피	☐
277	bone	뼈	☐
278	bottle	병	☐
279	brain	뇌, 두뇌	☐
280	brave	용감한	☐
281	breakfast	아침 식사	☐
282	brush	솔질[칫솔질]하다; 붓	☐
283	bubble	거품, 기포	☐
284	cage	(동물) 우리	☐
285	call	부르다, 전화하다	☐
286	captain	선장, 우두머리	☐
287	cart	수레	☐
288	castle	성, 저택	☐
289	catch	잡다	☐

290	change	변화; 바꾸다	☐
291	check	확인하다, 점검하다	☐
292	child	아이, 아동	☐
293	choose	선택하다, 고르다	☐
294	church	교회	☐
295	city	도시	☐
296	class	수업, 강의	☐
297	classroom	교실	☐
298	cloth	천, 옷감 *cf.*) clothes 옷	☐
299	cousin	사촌, 친척	☐
300	curtain	커튼, 막	☐
301	cut	자르다	☐
302	dark	어두운	☐
303	daughter	딸	☐
304	deep	깊은; 깊이	☐
305	desk	책상	☐
306	dinner	저녁 식사	☐
307	dirty	더러운, 지저분한	☐
308	east	동쪽	☐
309	end	종료; 끝나다	☐
310	enjoy	즐기다, 누리다	☐
311	evening	저녁; 저녁의	☐
312	every	모든, ～마다	☐
313	fall	가을; 떨어지다	☐
314	far	먼; 멀리	☐
315	farm	농장	☐
316	feel	느끼다	☐
317	fight	싸우다; 싸움	☐
318	find	찾다	☐
319	fine	좋은	☐

320	football	축구, 미식축구	☐
321	fresh	신선한	☐
322	fruit	과일, 열매	☐
323	full	가득 찬, 배부른	☐
324	fun	재미있는, 즐거운	☐
325	future	미래	☐
326	garden	정원	☐
327	gate	정문	☐
328	gentleman	신사	☐
329	get	얻다, 받다	☐
330	giant	거대한; 거인	☐
331	gift	선물	☐
332	give	주다, 전하다	☐
333	glass	유리 *cf.*) glasses 안경	☐
334	glove	장갑(한 쪽)	☐
335	glue	풀, 접착제; 붙이다	☐
336	god	신, 하느님	☐
337	goodbye	작별인사, 안녕	☐
338	grandfather	할아버지	☐
339	grass	풀, 잔디	☐
340	great	위대한, 큰	☐
341	ground	땅	☐
342	group	그룹, 단체	☐
343	grow	성장하다, 자라다	☐
344	guy	사람, 남자	☐
345	heart	심장, 마음	☐
346	heaven	천국, 하늘	☐
347	heavy	무거운	☐
348	helicoper	헬기	☐
349	here	여기에, 이곳에	☐

350	hero	영웅, 주인공	☐
351	high	높은; 높이	☐
352	hill	언덕, 산	☐
353	holiday	휴일, 명절	☐
354	homework	숙제, 과제	☐
355	honey	꿀	☐
356	hospital	병원	☐
357	how	어떻게, 얼마나	☐
358	human	인간, 사람	☐
359	hundred	100(백)	☐
360	hungry	배고픈	☐
361	hunt	사냥하다	☐
362	husband	남편	☐
363	idea	생각, 아이디어	☐
364	jeans	청바지	☐
365	joy	기쁨, 즐거움	☐
366	kick	차다	☐
367	kill	죽이다	☐
368	kind	친절한; 종류	☐
369	know	알다	☐
370	lady	여성, 부인	☐
371	land	땅, 토지	☐
372	late	늦은; 늦게	☐
373	left	왼쪽; 왼쪽의	☐
374	lesson	교훈, 수업	☐
375	letter	편지, 글자	☐
376	library	도서관	☐
377	light	빛, 전등	☐
378	line	선	☐
379	listen	(귀기울여) 듣다	☐

380	live	살다	☐
381	living room	거실	☐
382	low	낮은	☐
383	lunch	점심 식사	☐
384	mad	화난, 미친	☐
385	mail	우편, 메일	☐
386	many	많은	☐
387	meat	고기, 육류	☐
388	meet	만나다	☐
389	mind	마음, 생각	☐
390	miss	놓치다, 그리워하다	☐
391	month	달, 개월	☐
392	morning	아침, 오전	☐
393	mountain	산	☐
394	movie	영화	☐
395	much	많은; 매우, 정말	☐
396	museum	박물관	☐
397	need	필요하다	☐
398	new	새로운	☐
399	newspaper	신문	☐
400	next	다음의	☐
401	nice	멋진, 좋은	☐
402	night	밤, 저녁	☐
403	north	북쪽	☐
404	now	지금, 이제	☐
405	number	수, 숫자	☐
406	nurse	간호사	☐
407	of	~의	☐
408	oil	석유, 기름	☐
409	or	또는	☐

410	out	밖에	☐
411	P.M./p.m.	오후	☐
412	paint	그리다, 칠하다	☐
413	palace	궁전, 왕실	☐
414	paper	종이	☐
415	parent	부모(한 쪽)	☐
416	pear	배	☐
417	pencil	연필	☐
418	people	사람들	☐
419	picnic	소풍	☐
420	picture	사진, 그림	☐
421	place	장소	☐
422	please	제발, 부디	☐
423	pocket	주머니, 호주머니	☐
424	police	경찰	☐
425	power	힘	☐
426	pretty	예쁜	☐
427	prince	왕자	☐
428	put	놓다, 넣다	☐
429	read	읽다, 독서하다	☐
430	ready	준비된	☐
431	restaurant	식당	☐
432	restroom	화장실	☐
433	right	오른쪽; 오른쪽의; 권리	☐
434	roof	지붕, 옥상	☐
435	salt	소금	☐
436	sand	모래	☐
437	ship	배, 선박	☐
438	size	크기	☐
439	soccer	축구	☐

440	soft	부드러운	☐
441	some	일부, 몇몇	☐
442	sorry	미안한	☐
443	south	남쪽; 남쪽의	☐
444	stand	서다	☐
445	start	시작하다	☐
446	stone	돌	☐
447	store	가게	☐
448	story	이야기, 줄거리	☐
449	street	거리, 길	☐
450	subway	지하철	☐
451	sugar	설탕, 당분	☐
452	tail	꼬리	☐
453	take	(시간이) 걸리다, 가져가다, 데려가다	☐
454	talk	말하다	☐
455	taste	맛보다	☐
456	teach	가르치다, 알려주다	☐
457	telephone	전화기	☐
458	tell	말하다, 이야기하다	☐
459	test	시험, 실험	☐
460	thank	감사하다	☐
461	that	저것은; 저	☐
462	the	그	☐
463	there	그곳에, 저기에	☐
464	think	생각하다	☐
465	to	~에, ~까지	☐
466	tomorrow	내일, 미래	☐
467	too	또한	☐
468	touch	만지다	☐
469	triangle	삼각형	☐

470	true	진짜의, 진정한	☐
471	ugly	추한, 보기 흉한	☐
472	understand	이해하다	☐
473	use	이용하다, 사용하다; 이용	☐
474	vegetable	채소	☐
475	visit	방문하다	☐
476	wait	기다리다	☐
477	wake	깨다	☐
478	walk	걷다	☐
479	wall	벽, 벽면	☐
480	want	원하다	☐
481	watch	(집중해서) 보다; 손목 시계	☐
482	wear	입다, 착용하다	☐
483	wedding	결혼, 결혼식	☐
484	week	주, 일주일	☐
485	weekend	주말	☐
486	west	서쪽; 서쪽의	☐
487	what	무엇	☐
488	when	언제	☐
489	where	어디에	☐
490	who	누구	☐
491	why	왜	☐
492	wife	아내, 부인	☐
493	will	~할 것이다	☐
494	win	우승하다, 이기다	☐
495	with	~와 함께	☐
496	woman	여성, 여자	☐
497	wood	목재, 나무	☐
498	work	일하다	☐
499	write	쓰다, 적다	☐

| 500 | year | 년도, 해 | ☐ |

No. 501 ~ 670 난이도 ★★★

501	act	행동하다; 행동	☐
502	afraid	두려운, 염려하는	☐
503	alone	혼자, 홀로	☐
504	along	~을 따라서	☐
505	anger	분노, 화	☐
506	another	또 하나의, 다른	☐
507	any	어떤	☐
508	area	지역	☐
509	around	주변에, 주위에	☐
510	arrive	도착하다	☐
511	at	(장소 · 시간) ~에	☐
512	away	멀리 떨어져	☐
513	band	악단	☐
514	battery	건전지	☐
515	beauty	아름다움, 미인	☐
516	become	~이 되다	☐
517	begin	시작하다	☐
518	behind	~뒤에	☐
519	believe	믿다, 생각하다	☐
520	below	아래에	☐
521	beside	곁에	☐
522	between	~사이에	☐
523	bomb	폭탄	☐
524	boss	사장, 상사	☐
525	both	둘 다; 양쪽의	☐
526	bottom	바닥, 아래	☐

527	bowl	(오목한) 그릇	☐
528	brake	브레이크, 제동 (장치)	☐
529	branch	나뭇가지	☐
530	brand	브랜드, 상표	☐
531	break	깨뜨리다; 휴식	☐
532	bridge	다리	☐
533	bright	밝은, 영리한	☐
534	bring	가져오다	☐
535	build	짓다, 만들다	☐
536	burn	타다	☐
537	care	보살피다, 마음 쓰다	☐
538	carry	나르다, 가지고 다니다	☐
539	cash	현금, 돈	☐
540	cheap	싼, 저렴한	☐
541	cinema	영화관, 영화	☐
542	clever	똑똑한, 영리한	☐
543	climb	오르다, 등산하다	☐
544	club	동아리	☐
545	coin	동전	☐
546	comedy	코메디, 희극	☐
547	concert	콘서트, 공연	☐
548	contest	대회	☐
549	corner	구석, 모퉁이	☐
550	could	~할 수 있었다 *cf.*) could I ~? ~해도 될까요? / could you ~? ~해 주시겠어요?	☐
551	country	나라, 국가	☐
552	couple	부부, 커플	☐
553	crazy	미친	☐
554	cross	건너다	☐
555	culture	문화	☐

556	curious	호기심이 있는, 궁금한	☐
557	date	날짜, 데이트	☐
558	dead	죽은	☐
559	death	죽음, 사망	☐
560	decide	결정하다	☐
561	delicious	맛있는	☐
562	dentist	치과의사	☐
563	diary	일기	☐
564	die	죽다, 사망하다	☐
565	draw	그리다, 끌어당기다	☐
566	dream	꿈꾸다; 꿈	☐
567	dry	마른, 건조한; 말리다	☐
568	early	이른; 일찍	☐
569	enter	들어가다	☐
570	exam	시험	☐
571	fact	사실	☐
572	famous	유명한	☐
573	favorite	좋아하는	☐
574	field	들판, 현장	☐
575	file	파일	☐
576	fill	채우다	☐
577	fix	고치다, 고정하다	☐
578	floor	바닥, 층	☐
579	fool	바보	☐
580	for	~을 위해서, ~ 동안	☐
581	forest	숲	☐
582	form	형성하다; 형태	☐
583	free	자유로운, 무료의	☐
584	from	~로부터, ~출신의	☐
585	fry	튀기다	☐

586	giraffe	기린	
587	glad	기쁜	
588	goal	목표, 골	
589	guide	안내하다; 안내	
590	hard	어려운, 단단한; 열심히	
591	hate	싫어하다	
592	headache	두통	
593	heat	열; 가열하다	
594	history	역사	
595	hit	치다, 맞히다; 타격	
596	hobby	취미	
597	hope	희망하다, 바라다	
598	hour	시간	
599	hurry	서두르다	
600	if	만약 ~라면	
601	important	중요한	
602	inside	내부, 안쪽; 내부의	
603	into	~안으로	
604	job	직무, 일	
605	join	참여하다, 가입하다	
606	last	지난, 마지막의	
607	lazy	게으른	
608	leaf	나뭇잎	
609	learn	배우다	
610	marry	결혼하다	
611	may	~해도 된다, ~일지도 모른다 *cf.*) may I ~? ~해도 될까요?	
612	memory	기억	
613	must	~해야 한다	
614	nature	자연	

615	noon	정오	
616	note	메모, 쪽지	
617	off	떨어져	
618	only	유일한; 오직	
619	over	~이상	
620	part	부분, 일부	
621	pass	지나가다, 통과하다	
622	pay	지불하다	
623	peace	평화	
624	pick	선택하다, 고르다, 꺾다, 따다	
625	plan	계획하다; 계획	
626	point	가리키다; 요점	
627	poor	가난한	
628	print	인쇄하다	
629	prize	상, 상금	
630	problem	문제	
631	push	밀다	
632	puzzle	퍼즐, 수수께끼	
633	question	질문, 문제	
634	quick	빠른; 빨리	
635	quiet	조용한	
636	race	경주; 경주하다	
637	remember	기억하다	
638	rich	부유한, 부자의	
639	sale	판매, 할인판매	
640	science	과학	
641	score	득점하다; 점수	
642	season	계절	
643	sell	팔다	
644	send	보내다, 전하다	

645	shock	충격을 주다; 충격	☐	672	academy	학원	☐
646	should	~해야 한다	☐	673	accent	억양	☐
647	show	보여주다	☐	674	accident	사고	☐
648	shy	수줍은, 부끄러운	☐	675	across	가로질러서	☐
649	sick	아픈, 병든	☐	676	add	더하다, 추가하다	☐
650	side	측면, 면	☐	677	address	주소	☐
651	skin	피부, 껍질	☐	678	adult	성인, 어른	☐
652	space	공간, 우주	☐	679	adventure	모험	☐
653	speak	말하다	☐	680	advise	조언하다	☐
654	speed	속도	☐	681	again	다시, 또	☐
655	stress	스트레스, 긴장; 강조하다	☐	682	against	반대로	☐
656	tape	테이프; 테이프를 붙이다	☐	683	ago	~전에	☐
657	try	노력하다, 시도하다	☐	684	agree	동의하다, 합의하다	☐
658	voice	목소리, 음성	☐	685	ahead	미리	☐
659	war	전쟁	☐	686	airline	항공사	☐
660	warm	따뜻한	☐	687	almost	거의, 대부분	☐
661	way	길, 방법, 방식	☐	688	aloud	큰 목소리로	☐
662	weight	무게, 체중	☐	689	already	이미, 벌써	☐
663	welcome	환영하다	☐	690	alright	괜찮아, 좋아	☐
664	well	잘	☐	691	also	또한, 역시	☐
665	wish	바라다; 소원	☐	692	always	항상, 늘	☐
666	word	단어, 말	☐	693	as	~처럼, ~로서	☐
667	world	세계, 세상	☐	694	background	배경	☐
668	worry	걱정하다	☐	695	base	기반, 기초	☐
669	wrong	잘못된, 틀린	☐	696	basic	기본적인, 기초적인	☐
670	yesterday	어제	☐	697	battle	전투, 싸움	☐
				698	bill	영수증, 지폐	☐
				699	birth	탄생, 출생	☐
				700	bite	물다; 한 입	☐

No. 671 ~ 800 난이도 ★★★★

671	above	~위에	☐	701	block	차단; 막다	☐

702	board	게시판	☐	732	different	다른, 여러가지의	☐
703	borrow	빌리다	☐	733	difficult	어려운, 힘든	☐
704	business	사업	☐	734	discuss	논의하다	☐
705	by	~에 의해, (교통수단) ~로	☐	735	divide	나누다	☐
706	calendar	달력	☐	736	double	두 배의	☐
707	calm	차분한	☐	737	drop	떨어지다	☐
708	case	경우	☐	738	during	~동안	☐
709	certain	특정한, 어떤	☐	739	elementary	초등의	☐
710	chain	사슬, 체인점	☐	740	engine	엔진 (기관)	☐
711	chance	기회	☐	741	engineer	기술자, 공학자	☐
712	clear	분명한	☐	742	enough	충분한; 충분히	☐
713	clerk	직원, 점원	☐	743	error	오류	☐
714	clip	동영상, 클립	☐	744	example	예시, 본보기	☐
715	collect	수집하다	☐	745	exercise	운동하다; 운동	☐
716	college	대학	☐	746	exit	나가다; 출구	☐
717	company	회사	☐	747	factory	공장, 회사	☐
718	condition	조건, 상태	☐	748	fail	실패하다	☐
719	congratulate	축하하다	☐	749	fantastic	환상적인, 멋진	☐
720	control	조절하다	☐	750	fever	열, 고열	☐
721	copy	복사하다; 사본	☐	751	focus	집중하다	☐
722	cost	비용이 들다; 비용	☐	752	forever	영원히	☐
723	cotton	면, 목화	☐	753	forget	잊다	☐
724	countryside	시골, 지방	☐	754	gesture	몸짓	☐
725	cover	덮다	☐	755	guess	~라고 생각하다, 추측하다	☐
726	crowd	붐비다; 군중	☐	756	habit	습관	☐
727	customer	고객	☐	757	hang	걸다, 매달다	☐
728	cycle	주기	☐	758	hold	잡다	☐
729	danger	위험	☐	759	honest	솔직한, 정직한	☐
730	design	설계하다; 디자인	☐	760	however	그러나, 하지만	☐
731	dialogue	대화	☐	761	humor	유머	☐

762	introduce	소개하다	☐
763	invite	초대하다	☐
764	just	단지	☐
765	keep	유지하다, 계속하다	☐
766	large	큰, 대규모의	☐
767	lie	거짓말하다, 눕다; 거짓말	☐
768	mathematics	수학(= math)	☐
769	middle	중간의	☐
770	might	～일지도 모른다	☐
771	move	움직이다, 이동하다	☐
772	nation	국가, 나라	☐
773	near	가까운; 가까이	☐
774	never	결코[절대] ～않다	☐
775	nothing	아무것도 없음	☐
776	ocean	바다, 대양	☐
777	office	사무소, 회사	☐
778	often	종종, 자주	☐
779	present	현재, 선물	☐
780	return	돌아오다	☐
781	safe	안전한	☐
782	same	같은	☐
783	save	구하다, 절약하다	☐
784	so	그래서	☐
785	sour	신맛이 나는	☐
786	stay	머무르다, 유지하다	☐
787	supper	저녁 식사	☐
788	teen	십 대의, 청소년의	☐
789	textbook	교과서	☐
790	than	～보다	☐
791	thing	것, 일	☐

792	thirst	목마름, 갈증 *cf.*) thirsty 목마른	☐
793	tonight	오늘밤	☐
794	tour	관광	☐
795	train	훈련하다; 기차	☐
796	travel	여행하다; 여행	☐
797	trip	여행	☐
798	turn	돌리다	☐
799	twice	두 번, 두 배	☐
800	type	유형, 종류	☐

1

의문사(1)

1. 의문사가 사용된 의문문 - be동사(1)

의문사는 사람, 시간, 장소, 이름 등에 대한 정보를 물어볼 때 사용하며, 의문문의 맨 앞에 씁니다.
be동사가 사용된 의문문을 의문사와 함께 쓸 때 「의문사 + be동사 + 주어 ～?」의 형태로 나타냅니다.
주어가 단수일 때는 **is**를 쓰고, 복수일 때는 **are**를 씁니다.

who	누구	• Who **is that girl?** 저 소녀는 누구니? • Who **are the boys?** 저 소년들은 누구니?
what	무엇	• What **is that?** 저것은 무엇이니? • What **are those?** 저것들은 무엇이니?
when	언제	When **is your birthday?** 너의 생일은 언제니?
where	어디에서	Where **is your pencil case?** 너의 필통은 어디에 있니?
how	어떻게	How **is the weather?** 날씨가 어떠니?
why	왜	Why **are you** smiling? 너는 왜 웃고 있니?

▶ 「의문사+is」는 '의문사's'로 줄여 쓸 수 있어요!
: Who's, What's, How's 등

정답 및 해설 p. 02

다음 우리말 뜻과 같도록 괄호 안에서 알맞은 말을 골라 ○하세요.

1. 저쪽에 있는 소녀는 누구니?   → (Who / What) is the girl over there?

2. 너의 가족은 어떠니?   → (What / How) is your family?

3. 너의 이름은 무엇이니?   → (What / How) is your name?

4. 너의 교실은 어디니?   → (Where / How) is your classroom?

5. 너는 왜 목도리를 하고 있니?   → (Where / Why) are you wearing a scarf?

6. 어린이날은 언제니?   → (When / Why) is Children's Day?

7. 너는 어떻게 지내니?   → (What / How) are you doing?

2. 의문사가 사용된 의문문 – be동사(2)

의문사가 사용된 의문문의 대답은 무엇을 묻고 있는지 파악한 후, 그에 대한 답을 하면 됩니다.
의문사 **why**로 질문할 경우, 주로 '~이기 때문에'라는 의미의 **because**를 사용하여 대답합니다.

• Who is that girl?	– She is Fred's sister. 그녀는 Fred의 여동생이야.
• Who are the boys?	– They are my brothers. 그들은 나의 남동생들이야.
• What is that?	– It is a bat. 그것은 야구 방망이야.
• What are those?	– They are roses. 그것들은 장미야.
When is your birthday?	– It is May 10th. 5월 10일이야.
Where is your pencil case?	– It is on the desk. 그것은 책상 위에 있어.
How is the weather?	– It is sunny. 화창해.
Why are you smiling?	– (I am smiling) **Because** it's my birthday. 나의 생일이기 때문에 (나는 웃고 있어).

정답 및 해설 p. 02

다음 대화에서 알맞은 대답을 고르세요.

1. What is she doing?
　① She is studying.　　　　　② She is kind.

2. Where is Joyce's house?
　① I like his house.　　　　　② It is on the hill.

3. Who is that man?
　① He is my teacher.　　　　② He is handsome.

4. How is the weather in Seoul?
　① It is Friday.　　　　　　② It is raining.

5. Why are you shouting?
　① I am making a pie.　　　② Because I'm angry.

6. When is her birthday?
　① It is April 10th.　　　　② She likes it.

Build Up

A 다음 대화의 빈칸에 알맞은 의문사를 〈보기〉에서 골라 쓰세요.

보기　　Where　　How　　When　　Who　　Why　　What

• A: ___What___ is she doing?　　B: She is studying.

1. A: _____ is this movie?　　B: It is interesting.

2. A: _____ is your computer?　　B: It is on my desk.

3. A: _____ is that?　　B: It is my bag.

4. A: _____ is she looking at?　　B: She is looking at ants.

5. A: _____ is your new car?　　B: It is very fast.

6. A: _____ are the girls?　　B: They are my cousins.

7. A: _____ are you laughing?　　B: Because the movie is fun.

8. A: _____ are you going?　　B: I am going to the park.

9. A: _____ is that?　　B: He is my uncle.

10. A: _____ is the boy happy?　　B: Because he gets a toy.

B 다음 대화를 완성하도록 괄호 안에서 알맞은 대답을 골라 ○하세요.

• **A:** Who is that man?　　　　　**B:** He is (my teacher / handsome).

---

1. **A:** What are you doing?　　　　**B:** I (like sports / am playing soccer).

2. **A:** How is the weather?　　　　**B:** It is (cloudy / November 4th).

3. **A:** Where are my gloves?　　　**B:** They are (small / in the drawer).

4. **A:** Who are those women?　　　**B:** They are (my aunts / so beautiful).

5. **A:** What is your favorite flower?　**B:** It is (a rose / red and beautiful).

6. **A:** Who are they?　　　　　　　**B:** They are (my parents / very big).

7. **A:** When is Christmas Day?　　**B:** It is (December 25th / fun).

8. **A:** What is this?　　　　　　　**B:** It is (a dolphin / Saturday).

9. **A:** Why is she crying?　　　　**B:** She is crying (loudly / because she is sad).

10. **A:** How is your house?　　　　**B:** It is (very large / my house).

3. 의문사가 사용된 의문문 - 일반동사(1)

일반동사가 사용된 의문문을 의문사와 함께 쓸 때도 문장의 맨 앞에 의문사를 붙여 「의문사 + do/does + 주어 + 동사원형 ~?」의 형태로 씁니다. ● Day 01의 be동사의 경우와 비교해 보세요.

주어가 3인칭 단수이면 **does**를 쓰고, 나머지는 모두 **do**를 씁니다.

who	• Who **likes it**? 누가 그것을 좋아하니? ● 의문사가 주어로 쓰인 경우 3인칭 단수 취급하며, does 없이 의문사 뒤에 바로 동사를 씁니다. • Who **does he look** like? 그는 누구를 닮았니?
what	• What **do you learn**? 너는 무엇을 배우니? • What **does he do** after school? 그는 방과 후에 무엇을 하니?
when	When **do you come** back home? 너는 집에 언제 돌아오니?
where	Where **does Ginny live**? Ginny는 어디에 사니?
how	How **do you go** to the park? 너는 공원에 어떻게 가니?
why	Why **do you like** Fiona? 너는 Fiona를 왜 좋아하니?

정답 및 해설 p. 02

다음 괄호 안에서 알맞은 말을 골라 ○하세요.

1. When (you / do you / does you) get up?

2. Where (lives John / do John live / does John live)?

3. How (goes Emily / do Emily go / does Emily go) to school?

4. What (wants he / do he want / does he want)?

5. Who (makes / do make / does make) the soup?

6. When (meet you / do you meet / does you meet) James?

7. Where (studies Nick / do Nick study / does Nick study)?

4. 의문사가 사용된 의문문 – 일반동사(2)

일반동사가 사용된 의문문 또한 질문에 알맞은 답을 하면 됩니다.
의문사 **why**로 질문할 경우, 주로 **because**를 사용하여 대답합니다.

· Who likes it?	– Jordan likes it. Jordan이 그것을 좋아해.
· Who does he look like?	– He looks like his mom. 그는 그의 엄마를 닮았어.
· What do you learn?	– I learn math. 나는 수학을 배운다.
· What does he do after school?	– He practices the cello. 그는 첼로를 연습한다.
When do you come back home?	– I come back home at 3. 나는 3시에 집에 온다.
Where does Ginny live?	– She lives in London. 그녀는 London에 산다.
How do you go to the park?	– I go there by bike. 나는 자전거로 그곳에 간다. ◐ 「by+교통수단」은 '~(으)로'라는 의미입니다. 이 경우, 교통수단 앞에 관사를 붙이지 않습니다.
Why do you like Fiona?	– (I like her) **Because** she is kind. 그녀가 친절하기 때문에 (나는 그녀를 좋아한다).

정답 및 해설 p. 02

다음 대화에서 알맞은 대답을 고르세요.

1. **Where do you play baseball?**
   ① We like baseball.　　　　　　② We play baseball in the park.

2. **How do you go to the store?**
   ① I go there by bus.　　　　　　② I go there at 11.

3. **What do they need?**
   ① They need water.　　　　　　② They are on the beach.

4. **Where does Sally read books?**
   ① She reads them in the library.　　② She reads comic books.

5. **Why does Mark like Susie?**
   ① He likes her very much.　　　　② Because she is kind.

6. **Who does she like?**
   ① She likes Jisu.　　　　　　　② She likes her shoes.

Build Up

A 의문사와 알맞은 동사를 넣어 다음의 대화를 완성하세요.

> • A: ___What___ ___does___ she make?   B: She makes soup.

1. A: _____ _____ he get up?   B: He gets up at 6.

2. A: _____ _____ the letter?   B: Chris writes it.

3. A: _____ _____ she buy bread?   B: Because she is hungry.

4. A: _____ _____ you watch TV?   B: I watch TV after dinner.

5. A: _____ _____ they eat for lunch?   B: They eat sandwiches.

6. A: _____ _____ Ed buy the pen?   B: He buys it at that store.

7. A: _____ _____ Korean?   B: Bob speaks Korean.

8. A: _____ _____ you go to school?   B: I go to school by subway.

9. A: _____ _____ he stay at home?   B: Because he is sick.

10. A: _____ _____ he arrive here?   B: He arrives at 2 o'clock.

B 다음 대화를 완성하도록 괄호 안에서 알맞은 대답을 골라 ○하세요.

> • A: Where do you live?　　　　B: I live (in Busan / with my family).

1. **A:** What does she need?　　　　**B:** She (needs a cap / likes it).

2. **A:** When does he come home?　　　　**B:** He comes home (at 8 / by subway).

3. **A:** When do you meet Jun?　　　　**B:** I meet him (here / in the evening).

4. **A:** Who does she know?　　　　**B:** She knows (it well / Paul).

5. **A:** How do you go to China?　　　　**B:** I go there (by plane / tomorrow).

6. **A:** What do you study?　　　　**B:** I study (math / every day).

7. **A:** What do you do on Sunday?　　　　**B:** I (go hiking / like soccer).

8. **A:** Where do you play soccer?　　　　**B:** We play soccer (in the park / today).

9. **A:** How is you mother?　　　　**B:** She is (busy / at home).

10. **A:** When does the school begin?　　　　**B:** It (begins at 9 / is very large).

Review Test

[1-4] 다음 대화를 완성하도록 〈보기〉에서 알맞은 말을 골라 빈칸에 쓰세요.

보기   How   Where   Who   When

1 A: _____ do you meet?
   B: I meet Suzy.

2 A: _____ is the weather today?
   B: It is sunny.

3 A: _____ are you going?
   B: I am going to the market.

4 A: _____ do you go to bed?
   B: I go to bed at 9.

[5-6] 다음 의문문에 알맞은 대답을 고르세요.

5 What do you eat for breakfast?

   (Yes, I do. / I eat cereal.)

6 Who plays the guitar?

   (Yes, I like it. / Sally plays it.)

7 다음 짝지어진 대화가 어색한 것을 고르세요.

   ① A: What day is it?
      B: It is Monday.
   ② A: Who is that woman?
      B: She is my teacher.
   ③ A: Where do you live?
      B: I live with my parents.
   ④ A: When do you get up?
      B: I get up at 7.

8 다음 빈칸에 알맞지 않은 것을 고르세요.

   A: What is your favorite color?
   B: _____

   ① It is yellow.
   ② I like blue.
   ③ I have pink skirt.
   ④ My favorite color is red.

[9-10] 다음 문장에서 틀린 부분을 고쳐 전체 문장을 다시 쓰세요.

9 Where you are going?

   → _____

10 Who teach English?

   → _____

11 다음 의문문에 알맞은 대답을 고르세요.

> How is this dress?

① It is so pretty.
② It is in the box.
③ It is 10 dollars.
④ They are cheap.

12 다음 대답에 알맞은 의문문을 고르세요.

> Because she is kind.

① How is Sarah doing?
② Where does Sarah live?
③ Why do you like Sarah?
④ When does Sarah come home?

13 다음 밑줄 친 ①~④ 중 잘못 쓰인 것을 고르세요.

A: When does Amy meet Jim?
     ①   ②   ③

B: She meets him in the park.
         ④

[14-16] 다음 주어진 말을 바르게 배열하여 문장을 완성하세요.

14 (does / what / man / the / buy / ?)

→ _____

15 (the / begin / when / class / does / ?)

→ _____

16 (do / why / play / you / soccer / ?)

→ _____

중학교 시험에는 이렇게!

| 수원 ○○중 응용 |

17 다음 대답에 알맞은 질문을 〈보기〉에서 골라 기호를 쓰세요.

> ⓐ How is your sister?
> ⓑ Where is the school?
> ⓒ Who cooks the stew?

(1) It is next to the park. _____
(2) She is good. _____
(3) My mom cooks it. _____

| 서울 ○○중 응용 |

18 다음 대화의 빈칸에 들어갈 말을 쓰세요.

A: Hey, ____ⓐ____ are you?
B: I am at a cafe.
A: ____ⓑ____ are you doing there?
B: I am doing my homework.

ⓐ _____ ⓑ _____

Word Review

다음은 **Chapter 1**에 사용된 주요 단어입니다.
소리 내어 읽으면서 써보세요.

단어	뜻	쓰기	단어	뜻	쓰기
1 scarf	목도리		14 need	필요하다	
2 stew	스튜, 국		15 library	도서관	
3 laugh	웃다		16 Korean	한국어	
4 cousin	사촌		17 stay	머무르다	
5 get	얻다		18 arrive	도착하다	
6 drawer	서랍		19 subway	지하철	
7 December	12월		20 sick	아픈	
8 loudly	(목소리 등을) 크게		21 November	11월	
9 large	(크기가) 큰		22 begin	시작하다	
10 learn	배우다		23 weather	날씨	
11 meet	만나다		24 over there	저쪽에	
12 favorite	가장 좋아하는		25 cheap	값싼	
13 practice	연습하다				

☆ **Word Review**에서 학습한 25개 단어는 워크북 09쪽에서 테스트해 볼 수 있습니다.

2

의문사(2)

1. 의문사 + 명사

'무엇'의 의미를 나타내는 **what**은 「what + 명사」의 형태로 '무슨[몇] (명사)'으로도 쓰입니다.

What day	무슨 요일	What day **is it today?** 오늘은 무슨 요일이니?
What time	몇 시	What time **is it now?** 지금 몇 시니?
What grade	몇 학년	What grade **are you in?** 너는 몇 학년이니?

what 외에도 의문사 **whose** 또한 「whose + 명사」의 형태로 쓰입니다. **whose**는 '누구의'라는 의미로 뒤에 나오는 명사와 소유의 관계에 있음을 나타냅니다.

- **Whose cap is this?**   – **It is Emily's.** (또는 It is Emily's cap.)
  이것은 누구의 모자니?   그것은 Emily 거야. (그것은 Emily의 모자야.)

- **Whose pens are blue?**   – **June's pens are blue.**
  누구의 펜들이 파란색이니?   June의 펜들이 파란색이야.

▶ 「의문사 + 명사」가 쓰인 문장의 경우, 이 의문사 덩어리가 주어인지 아닌지를 파악하여 내용에 알맞은 동사를 씁니다.
  ex) Whose pens **are** blue? (Whose pens가 주어) / What grade **are** you in? (you가 주어)

Quiz

정답 및 해설 p. 04

A 다음 우리말 뜻과 같도록 what 또는 whose를 포함해서 빈칸에 알맞은 말을 쓰세요.

1. 저것들은 누구의 신발이니?   → _____ _____ are those?

2. 너의 머리카락은 무슨 색이니?   → _____ _____ is your hair?

3. 이것들은 누구의 장난감들이니?   → _____ _____ are these?

4. Ed는 몇 시에 자러 가니?   → _____ _____ does Ed go to bed?

5. 그것은 누구의 개니?   → _____ _____ is it?

6. 오늘은 무슨 요일이니?   → _____ _____ is it today?

7. 너는 무슨 색을 좋아하니? → _____ _____ do you like?

8. 이것들은 누구의 양말이니? → _____ _____ are these?

9. 그는 누구의 책을 읽니? → _____ _____ does he read?

10. 그녀는 무슨 색을 원하니? → _____ _____ does she want?

B 다음 괄호 안에서 알맞은 말을 골라 ○하세요.

1. **What day (is / are) it?** 무슨 요일이니?

2. **What sports (do / does) Betty like?** Betty는 어떤 운동을 좋아하니?

3. **What time (do / does) you go to school?** 너는 몇 시에 학교에 가니?

4. **Whose bag (do / does) they choose?** 그들은 누구의 가방을 선택하니?

5. **Whose sweater (is / are) red?** 누구의 스웨터가 빨간색이니?

6. **Whose candles (is / are) those?** 저것들은 누구의 양초니?

7. **Whose coat (is / are) yellow?** 누구의 코트가 노란색이니?

Build Up

A 다음 빈칸에 **What**과 **Whose** 중 알맞은 것을 골라 쓰세요.

> • A: ___Whose___ scissors are these?　　　B: They are Jay's scissors.

1. A: _____ color do you like?　　　B: I like red.

2. A: _____ T-shirt is white?　　　B: Andy's is white.

3. A: _____ sports do you like?　　　B: I like baseball.

4. A: _____ time is it now?　　　B: It is 7.

5. A: _____ books are those?　　　B: They are Diana's.

6. A: _____ do you eat for dessert?　　　B: I eat a piece of cake.

7. A: _____ umbrella is that?　　　B: It is mine.

8. A: _____ movie do you want to see?　　　B: I want to see "The Space."

9. A: _____ house is that?　　　B: It is Jamie's.

10. A: _____ does he buy for her?　　　B: He buys some roses.

B 다음 밑줄 친 우리말 뜻과 같도록 주어진 단어를 사용하여 빈칸에 알맞은 말을 쓰세요.

- 저것은 <u>누구의 자동차</u>니?
  → <u>　　Whose　　</u> <u>　　car　　</u> is that?

car

1. <u>누구의 신발</u>이 파란색이니?

　→ ＿＿＿＿＿＿＿ ＿＿＿＿＿＿＿ are blue?

shoes

2. 너는 <u>무슨 스포츠</u>를 좋아하니?

　→ ＿＿＿＿＿＿＿ ＿＿＿＿＿＿＿ do you like?

sports

3. 저것은 <u>누구의 집</u>이니?

　→ ＿＿＿＿＿＿＿ ＿＿＿＿＿＿＿ is that?

house

4. 너는 <u>몇 학년</u>이니?

　→ ＿＿＿＿＿＿＿ ＿＿＿＿＿＿＿ are you in?

grade

5. 너의 학교는 <u>몇 시</u>에 끝나니?

　→ ＿＿＿＿＿＿＿ ＿＿＿＿＿＿＿ does your school finish?

time

6. <u>누구의 자동차</u>가 노란색이니?

　→ ＿＿＿＿＿＿＿ ＿＿＿＿＿＿＿ is yellow?

car

7. 너는 <u>무슨 과목</u>을 공부하고 있니?

　→ ＿＿＿＿＿＿＿ ＿＿＿＿＿＿＿ are you studying?

subject

8. 저것은 <u>누구의 노래</u>니?

　→ ＿＿＿＿＿＿＿ ＿＿＿＿＿＿＿ is that?

song

2. 의문사 how + many[much]

의문사인 **how**는 「how + many[much] + 명사 ～?」의 형태로 '얼마나 많은 ～'의 의미를 나타냅니다.
이는 개수나 양을 물을 때 사용됩니다.

How many + 복수 명사 ~?	얼마나 많은 (명사의) 수	How many sisters do you have? 너는 여자 형제가 몇 명이니? – I have two sisters. 나는 여자 형제가 두 명 있어.
How much + 셀 수 없는 명사 ~?	얼마나 많은 (명사의) 양	How much tea do you want? 너는 차를 얼마나 많이 원하니? – I want a cup of tea. 나는 차 한 잔을 원해.

또한 **much**는 「How much + is/are + 명사 ～?」의 형태로 '가격'을 물을 때 사용합니다.

- How much **is this notebook?**
  이 공책은 얼마니?
- How much **are those scissors?**
  저 가위는 얼마니?

- It is one thousand won.
  그것은 천 원이야.
- They are two dollars.
  그것들은 2달러야.

○ is를 쓸지 are를 쓸지는 명사가 단수인지 복수인지에 의해 결정됩니다.

정답 및 해설 p. 04

Quiz

다음 괄호 안에서 알맞은 말을 골라 ○하세요.

1. How (many / much) dogs do you have?

2. How (many / much) water does he need?

3. How (many / much) flowers do you have?

4. How (many / much) money do you want?

5. How (many / much) books do you read?

6. How many (orange / oranges) does Jim buy?

7. How (many / much) is this pencil?

3. 의문사 how + 형용사[부사]

의문사인 **how**는 「how + 형용사[부사] ~?」의 형태로 '얼마나 ~한/하게'의 의미를 나타냅니다.
이는 나이, 높이(키), 거리, 횟수, 기간, 길이 등을 물을 때 사용합니다.

How old	나이	How old **are you?** 너는 나이가 얼마나 되니[몇 살이니]?
How tall	높이(키)	How tall **is that building?** 그 건물의 높이는 얼마니?
How far	거리	How far **is the post office?** 우체국까지 거리가 얼마나 되니?
How often	횟수	How often **do you eat meat?** 너는 얼마나 자주 고기를 먹니?
How long	기간, 길이	• How long **does a turtle live?** 거북은 얼마나 오래 사니? • How long **is the worm?** 이 벌레는 길이가 얼마나 되니?

정답 및 해설 p. 04

다음 괄호 안에서 알맞은 말을 골라 ○하세요.

1. **A:** How (old / tall) is your sister?
   B: She is nine years old.

2. **A:** How (long / tall) is Fred?
   B: He is 180 centimeters tall.

3. **A:** How (far / old) is the school from here?
   B: It is one kilometer.

4. **A:** How (often / long) do you go hiking?
   B: I go hiking every day.

5. **A:** How (often / long) is the snake?
   B: It is two meters long.

6. **A:** How (long / far) do you study math?
   B: I study math for two hours.

Build Up

A 다음 주어진 말 중 알맞은 것을 골라 빈칸에 쓰세요.

> • **A:** ____How____ ____much____ is it?
> **B:** It is two dollars.

how / many / much

1. **A:** _____ _____ flour do you need?
   B: I need two bags of flour.

   how / many / much

2. **A:** _____ _____ are these apples?
   B: They are 5 dollars.

   how / many / much

3. **A:** _____ _____ are you?
   B: I am 165 centimeters tall.

   how / tall / old

4. **A:** _____ _____ do you play tennis?
   B: I play tennis every day.

   how / far / often

5. **A:** _____ _____ is Joan?
   B: She is 12 years old.

   how / tall / old

6. **A:** _____ _____ is the shop from here?
   B: It is 500 meters.

   how / far / often

7. **A:** _____ _____ is that ruler?
   B: It is 30 centimeters long.

   how / long / old

040   초등영문법 Level 3

B 다음 대화의 빈칸에 알맞은 말을 쓰세요.

> • A: How _____much_____ money does he have?
> B: He has ten dollars.

1. A: How _____ apples does Susie buy?
   B: She buys three apples.

2. A: How _____ is this cap?
   B: It is twenty dollars.

3. A: How _____ is that girl?
   B: She is nine years old.

4. A: How _____ is this river?
   B: It is 20 kilometers long.

5. A: How _____ is the tree?
   B: It is five meters tall.

6. A: How _____ does Jenny have breakfast?
   B: She has breakfast every day.

7. A: How _____ is the bus stop from here?
   B: It is 300 meters.

Review Test

[1-2] 다음 빈칸에 들어갈 알맞은 의문사를 쓰세요.

1
> A: _____ dictionary is that?
> B: It is Kevin's.

2
> A: _____ do you go to school?
> B: I go there by bicycle.

3 다음 밑줄 친 부분의 뜻이 나머지 넷과 다른 하나를 고르세요.

① What time is it now?
② What are those plants?
③ What is that?
④ What is this flower?

4 다음 주어진 대답에 알맞은 질문을 고르세요.

> It is Karen's.

(Who likes the car? / Whose car is that?)

[5-6] 다음 밑줄 친 부분을 바르게 고치세요.

5
> How many salt does he want?

→ _____

6
> How much is these umbrellas?

→ _____

7 다음 빈칸에 공통으로 알맞은 말을 쓰세요.

> · _____ is the weather?
> · _____ long is the river?

→ _____

8 다음 중 짝지어진 대화가 어색한 것을 고르세요.

① A: How old is Susie?
   B: She is nine years old.
② A: How much is that cup?
   B: It is three dollars.
③ A: How long is the ruler?
   B: It is 100 centimeters tall.
④ A: How far is the station?
   B: It is 200 meters from here.

9 다음 빈칸에 들어갈 말이 나머지 넷과 다른 것을 고르세요.

① _____ old is your mother?
② _____ many books do you have?
③ _____ time do you get up?
④ _____ much is it?

10 다음 대화의 빈칸에 들어갈 알맞은 말을 쓰세요.

> A: _____ _____ are you in?
>
> B: I am in the 6th grade.

[11-12] 다음 우리말 뜻과 같도록 빈칸에 알맞은 말을 쓰세요.

11

> Jason은 얼마나 자주 박물관에 가니?

→ _____ _____ _____

Jason go to the museum?

12

> Nick은 몇 살이니?

→ _____ _____ _____

Nick?

[13-14] 다음 밑줄 친 부분을 바르게 고쳐 전체 문장을 다시 쓰세요.

13

> How many chair do you have?

→ _____

14

> How long does Robert plays computer games?

→ _____

[15-16] 다음 우리말 뜻과 같도록 주어진 단어들을 바르게 배열하세요.

15

> Kelly는 누구를 만나니?

(does / Kelly / who / meet / ?)

→ _____

16

> 너는 무슨 과목을 공부하니?

(study / subject / you / do / what / ?)

→ _____

| 수원 ○○중 응용 |

17 다음 중 밑줄 친 부분이 잘못된 문장을 고르세요.

① How book is it?

② How long does an ant live?

③ How much money do you need?

④ How often do you go to the park?

⑤ How big is the polar bear?

| 인천 ○○중 응용 |

18 다음 중 잘못된 문장을 고르세요.

① What time is it?

② How fast do whales swim?

③ What old is your son?

④ How much money do you have?

⑤ How long do they live?

Word Review

다음은 **Chapter 2**에 사용된 주요 단어입니다.
소리 내어 읽으면서 써보세요.

단어	뜻	쓰기	단어	뜻	쓰기
1 choose	선택하다		14 kilometer	킬로미터	
2 candle	양초		15 hiking	도보여행	
3 dessert	디저트		16 meter	미터	
4 piece	조각		17 ruler	자	
5 finish	끝내다		18 dictionary	사전	
6 space	우주		19 plant	식물	
7 snake	뱀		20 river	강	
8 thousand	천(1000)		21 far	먼; 멀리	
9 notebook	공책		22 grade	학년, 등급	
10 borrow	빌리다		23 museum	박물관, 미술관	
11 live	살다		24 whale	고래	
12 worm	벌레		25 polar bear	북극곰	
13 centimeter	센티미터				

☆ **Word Review**에서 학습한 25개 단어는 워크북 18쪽에서 테스트해 볼 수 있습니다.

3

There is[are] ~

1. There is ~ / There are ~

「There is ~ / There are ~」는 '~이 있다'라는 내용을 말할 때 사용하는 표현입니다.
is/are 뒤에 나오는 명사가 주어가 되므로, 이 명사가 단수이면 is를 쓰고 복수이면 are를 씁니다.

- there는 원래 '거기에'라는 뜻으로 쓰이지만, 이 표현에서는 해석하지 않습니다.
- There is는 There's로 줄여 쓸 수 있으며, There are는 줄여 쓸 수 없습니다.

There is + 단수 명사 (There is = There's)	• There is **a cat** in the box. 상자 안에 고양이 한 마리가 있다. • There is **some milk** in the glass. 유리컵에 약간의 우유가 있다.
There are + 복수 명사	• There are **two forks** on the table. 탁자 위에 포크 두 개가 있다. • There are **many flowers** in the vase. 꽃병에 많은 꽃이 있다.

Quiz

정답 및 해설 p. 06

A 다음 주어진 문장의 주어를 찾아 쓰세요.

1. **There is a coat in the room.**
   방에 코트가 하나 있다.

   → _____

2. **There is a store next to the hospital.**
   병원 옆에 상점이 하나 있다.

   → _____

3. **There is some juice in the bottle.**
   병에 약간의 주스가 있다.

   → _____

4. **There are five people in the pool.**
   수영장에 다섯 명의 사람들이 있다.

   → _____

5. **There are seven tomatoes in the basket.**
   바구니에 일곱 개의 토마토가 있다.

   → _____

6. **There are some magazines under the bed.**
   침대 밑에 몇 권의 잡지가 있다.

   → _____

B 다음 괄호 안에서 알맞은 말을 골라 ○하세요.

1. There (is / are) a clock on the wall.
벽에 시계가 하나 있다.

2. There (is / are) three dogs in the room.
방에 세 마리의 개가 있다.

3. There (is / are) some cake on the dish.
접시에 약간의 케이크가 있다.

4. There (is / are) many children in the playground.
놀이터에 많은 아이들이 있다.

5. There (is / are) some water in the bottle.
병에 물이 약간 있다.

6. There (is / are) kiwis in the box.
상자에 키위들이 있다.

7. There (is / are) cheese on the table.
탁자 위에 치즈가 있다.

8. There (is / are) five carrots in the basket.
바구니 안에 다섯 개의 당근이 있다.

9. There (is / are) coffee in the cup.
컵에 커피가 있다.

10. There (is / are) a photo on the floor.
바닥에 사진이 한 장 있다.

Build Up

A 다음 빈칸에 **There is**와 **There are** 중 알맞은 말을 쓰세요.

> • ___There___ ___are___ many cars on the street.
> 거리에 많은 자동차들이 있다.

1. _____ _____ a teacher in the classroom.
교실에 선생님이 한 분 계신다.

2. _____ _____ many girls on the bus.
버스에 많은 소녀들이 있다.

3. _____ _____ four seasons in a year.
일 년에는 네 개의 계절이 있다.

4. _____ _____ some salt in the bowl.
그릇에 약간의 소금이 있다.

5. _____ _____ a balloon in the room.
방에 풍선 하나가 있다.

6. _____ _____ many sheep in the farm.
농장에 많은 양이 있다.

7. _____ _____ flour in the kitchen.
부엌에 밀가루가 있다.

8. _____ _____ five eggs in the basket.
바구니 안에 다섯 개의 달걀이 있다.

9. _____ _____ some temples in this city.
이 도시에는 사원이 몇 개 있다.

10. _____ _____ many trees in the park.
공원에는 나무가 많이 있다.

B There is/There are와 괄호 안에 주어진 말을 사용하여 다음 문장을 완성하세요.

> • ___There___ ___are___ three ___toys___ on the floor.　(toy)
> 바닥에 세 개의 장난감이 있다.

1. _____ _____ two _____ in the kitchen.　(cup)
   부엌에 두 개의 컵이 있다.

2. _____ _____ some _____ in the glass.　(milk)
   유리컵에 약간의 우유가 있다.

3. _____ _____ three _____ in this room.　(bed)
   이 방에 세 개의 침대가 있다.

4. _____ _____ a _____ on the desk.　(computer)
   책상에 컴퓨터 한 대가 있다.

5. _____ _____ a _____ on the leaf.　(ladybug)
   나뭇잎 위에 무당벌레가 한 마리 있다.

6. _____ _____ some _____ in the park.　(child)
   공원에 몇 명의 아이들이 있다.

7. _____ _____ many _____ in the store.　(skirt)
   가게에 많은 치마가 있다.

8. _____ _____ much _____ on the roof.　(snow)
   지붕에 눈이 많이 있다.

9. _____ _____ three _____ in the vase.　(flower)
   꽃병에 꽃이 세 송이 있다.

10. _____ _____ a _____ on the chair.　(coin)
    의자 위에 동전 하나가 있다.

2. There is[are] not ~

「There is[are] ~」에서 각각 is와 are 뒤에 not을 붙이면 '~이 없다'라는 뜻의 부정문이 됩니다.
- 부정문에서는 종종 명사 앞에 **any**를 붙여 '조금도[하나도] ~없다'의 의미를 나타내기도 합니다.
  - any 뒤에는 단수 명사와 복수 명사 모두 쓸 수 있습니다. 단, 명사가 셀 수 있는 명사일 경우, 「any+단수 명사」는 '어떤 ~라도'의 의미를 나타내므로 문맥에 맞게 사용합니다.
- **some**은 부정문에서 쓰이지 않습니다.
- There is not은 There's not 또는 There isn't로 줄여 쓸 수 있고, There are not은 There aren't로 줄여 쓸 수 있습니다.

there is not + 주어 단수	• There is not **a pen** on the desk. ⊙ There is not ~ → There's not ~ 책상 위에 펜이 없다. 또는 There isn't ~) • There isn't **any water** in the glass. 유리잔에 물이 하나도 없다.
there are not + 주어 복수	• There are not **many windows** in the room. 그 방에는 창문이 많이 없다. • There aren't **any books** in the bookcase. 책장에 책이 하나도 없다.

 Quiz

정답 및 해설 p. 06

다음 괄호 안에서 알맞은 말을 골라 ○하세요.

1. There (is not / not is) a car in the park. 공원에 차가 없다.

2. There (are not / not are) any tomatoes in the basket. 바구니에 토마토가 하나도 없다.

3. There aren't (some / any) balls in the box. 상자 안에 공이 하나도 없다.

4. There (isn't / aren't) any cheese on the table. 탁자 위에 치즈가 하나도 없다.

5. There (isn't / aren't) a book on the desk. 책상 위에 책이 없다.

6. (There're not / There aren't) any bicycles in the park. 공원에 자전거가 하나도 없다.

7. There (isn't / aren't) any pumpkins in the bag. 봉지 안에 호박이 하나도 없다.

3. Is[Are] there ~?

「There is[are] ~」에서 is와 are를 각각 문장의 맨 앞에 쓰면 '~이 있니?'라는 뜻의 의문문이 됩니다.
이에 대한 대답은 **Yes, there is/are.**(응, 있어.)와 **No, there isn't/aren't.**(아니, 없어.)로 하면 됩니다.
• 의문문에서도 대부분의 경우 some이 아닌 **any**를 사용하며 '좀[조금이라도, 하나라도]'의 의미를 나타냅니다. ● Do you need some water?(물이 좀 필요하신가요?)와 같이 요구나 권유를 하는 내용의 의문문에서는 some을 사용합니다.

Is there + 주어 ~? 단수	• Is there **a dog** on the street? 길 위에 개가 있니? • Is there **any flour** in the bag? 봉지에 밀가루가 좀 있니?	Yes, there is. 응, 있어. No, there isn't. 아니, 없어. → 또는 there's not
Are there + 주어 ~? 복수	• Are there **two dogs** next to the sofa? 소파 옆에 개가 두 마리 있니? • Are there **any cars** on the road? 도로에 차들이 좀 있니?	Yes, there are. 응, 있어. No, there aren't. 아니, 없어.

정답 및 해설 p. 06

Quiz

다음 괄호 안에서 알맞은 말을 골라 ○하세요.

1. (Is / Are) there a bird in the tree? 나무에 새가 있니?

2. (Is / Are) there many cows on the hill? 언덕에 소들이 많이 있니?

3. (Is / Are) there a post office near here? 여기 근처에 우체국이 있니?

4. (Is / Are) there any pictures on the wall? 벽에 그림이 좀 있니?

5. Are there (some / any) chicks in the yard? 마당에 병아리가 좀 있니?

6. Is there (a bench / benches) at the bus stop? 버스 정류장에 벤치가 있니?

7. Are there (a frog / frogs) in the pond? 연못에 개구리들이 있니?

Build Up

A 다음 주어진 말 중 알맞은 것을 골라 빈칸에 쓰세요.

• **A:** _____Is_____ there an eraser on the desk?   **B:** Yes, there is.
책상 위에 지우개가 있니?   응, 있어.

---

1. **A:** _____ there any flowers in the vase?   **B:** No, there aren't.
꽃병에 꽃이 좀 있니?   아니, 없어.

2. **A:** _____ there any rice in the bowl?   **B:** Yes, there is.
그릇에 쌀이 좀 있니?   응, 있어.

3. **A:** _____ there a ruler in the drawer?   **B:** No, there isn't.
서랍 안에 자가 있니?   아니, 없어.

4. **A:** Is there a dog in the house?   **B:** No, there _____.
집에 개가 있니?   아니, 없어.

5. **A:** Are there many ants on the ground?   **B:** Yes, there _____.
땅에 개미가 많이 있니?   응, 있어.

6. **A:** Are there any stairs in that house?   **B:** Yes, there _____.
저 집에 계단이 좀 있니?   응 있어.

7. **A:** Is there any bread on the shelf?   **B:** No, there _____.
선반 위에 빵이 좀 있니?   아니, 없어.

8. **A:** Are there any oranges in the basket?   **B:** Yes, there _____.
바구니 안에 오렌지가 좀 있니?   응, 있어.

9. **A:** Is there a farm in the town?   **B:** No, there _____.
마을에 농장이 있니?   아니, 없어.

10. **A:** Is there any juice in the refrigerator?   **B:** Yes, there _____.
냉장고에 주스가 좀 있니?   응, 있어.

B 다음 문장을 주어진 지시대로 바꿔 쓸 때, 빈칸에 알맞은 말을 쓰세요.

> • There is a bag on the desk. (부정문) 책상 위에 가방이 하나 있다.
>
> → ___There___ ___isn't___ a bag on the desk.

1. There are many children in the pool. (의문문) 수영장에 많은 아이들이 있다.

   → _____ _____ many children in the pool?

2. There are five apples in the basket. (의문문) 바구니에 다섯 개의 사과가 있다.

   → _____ _____ fives apples in the basket?

3. There is a book in the bag. (부정문) 가방에 책이 한 권 있다.

   → _____ _____ a book in the bag.

4. There are three ducks in the lake. (의문문) 호수에 오리가 세 마리 있다.

   → _____ _____ three ducks in the lake?

5. There is some salt in the bag. (부정문) 봉지에 약간의 소금이 있다.

   → _____ _____ _____ salt in the bag.

6. There is a slide in the playground. (부정문) 놀이터에 미끄럼틀이 있다.

   → _____ _____ a slide in the playground.

7. There are many shoes on the floor. (의문문) 바닥에 많은 신발이 있다.

   → _____ _____ many shoes on the floor?

8. There is a uniform on the bed. (부정문) 침대 위에 교복이 하나 있다.

   → _____ _____ a uniform on the bed.

DAY 09

Review Test

[1-2] 다음 괄호 안에서 알맞은 말을 고르세요.

1 There is (some milk / potatoes) on the table.

2 There are (eggs / a notebook) in the basket.

3 다음 빈칸에 알맞은 것을 고르세요.

> There isn't _____ in the bag.

① cups   ② five fish
③ two men   ④ a sheep

4 다음 밑줄 친 부분의 쓰임이 나머지 셋과 다른 하나를 고르세요.

① <u>There</u> is a pig on the farm.
② I go <u>there</u> with my friend.
③ Is <u>there</u> a ball in the room?
④ <u>There</u> isn't any salt in the soup.

[5-7] 다음 밑줄 친 부분을 바르게 고쳐 전체 문장을 다시 쓰세요.

5
> <u>There are</u> some tea in the cup.

→ _____

6
> <u>There aren't</u> any money here.

→ _____

7
> <u>Is there</u> any toys in the box?

→ _____

8 다음 대화의 빈칸에 알맞은 말을 쓰세요.

> A: _____ _____ m a n y people in the station?
> B: No, there aren't.

9 다음 우리말 뜻과 같도록 주어진 단어들을 바르게 배열하세요.

> 냉장고에 주스가 좀 있니?

(refrigerator / the / is / juice / there / in / any / ?)

→ _____

10 다음 중 빈칸에 There is가 들어갈 수 없는 것을 고르세요.

① _____ a bee on the flower.
② _____ some tea in the cup.
③ _____ not a bear here.
④ _____ sneakers on the bed.

11 다음 의문문에 알맞은 대답을 두 개 고르세요.

> Are there bags in the shop?

① Yes, there is.
② Yes, there are.
③ No, there isn't.
④ No, there aren't.

12 다음 빈칸에 공통으로 들어갈 수 있는 것을 고르세요.

> · There _____ some kiwis.
> · There _____ two pieces of pizza.

① is   ② are   ③ isn't   ④ don't

13 다음 밑줄 친 ①~④ 중 잘못된 것을 고르세요.

> ① Is ② there a ③ hospitals ④ in this town?

[14-15] 다음 제시된 문장을 괄호 안의 지시대로 바르게 바꿔 쓰세요.

14 There is a girl on the sofa. (부정문)

→ _____

15 There are five keys in the drawer. (의문문)

→ _____

[16-17] 다음 우리말 뜻과 같도록 빈칸에 알맞은 말을 쓰세요.

16 벤치 위에 장난감이 세 개 있다.

→ _____ _____ three toys on the bench.

17 냉장고 안에 물이 좀 있니?

→ _____ _____ any water in the refrigerator?

18 다음 의문문에 알맞은 대답을 완성하세요.

> Is there any butter in the refrigerator?

→ No, _____ _____.

| 인천 ○○중 응용 |

[19-20] 다음 중 밑줄 친 부분이 잘못된 문장을 고르세요.

19 ① Is there a camera on the table?
② There isn't any water here.
③ There are two eggs in the basket.
④ There is some kids at home.
⑤ There are comic books in his bag.

| 서울 ○○중 응용 |

20 ① There is one doll on the bed.
② There isn't a tree in my garden.
③ There are two apples in the bag.
④ Is there any problems here?
⑤ Are there many students in your school?

Word Review

다음은 **Chapter 3**에 사용된 주요 단어입니다.
소리 내어 읽으면서 써보세요.

단어	뜻	쓰기	단어	뜻	쓰기
1 vase	꽃병		14 pumpkin	호박	
2 bottle	병		15 chick	병아리	
3 magazine	잡지		16 yard	마당, 뜰	
4 hospital	병원		17 pond	연못	
5 wall	벽		18 bowl	(오목한) 그릇	
6 dish	접시		19 ground	땅	
7 playground	운동장		20 shelf	선반	
8 carrot	당근		21 farm	농장	
9 street	거리		22 slide	미끄럼틀	
10 roof	지붕		23 comic book	만화책	
11 kitchen	부엌		24 problem	문제	
12 temple	사원, 절		25 garden	정원	
13 bookcase	책장				

☆ **Word Review**에서 학습한 25개 단어는 워크북 27쪽에서 테스트해 볼 수 있습니다.

CHAPTER 4

be동사의 과거

DAY 10

1. be동사의 과거형

과거의 상태를 나타낼 때 **be**동사의 과거형을 사용하며, 형태는 was와 were입니다.
이는 '~이었다, ~(에) 있었다'의 의미를 나타내며, am, is는 was로 쓰고 are는 were로 씁니다.
– 「주어 + **be**동사의 과거형」은 줄여 쓰지 않습니다.
– 과거시제는 주로 **yesterday**(어제), **last** ~ (지난 ~), **ago**(~ 전에)와 같은 과거를 나타내는 말과 쓰입니다.

was	• I was busy yesterday. 나는 어제 바빴다. • He was a teacher a year ago. 그는 일 년 전에 선생님이었다. • Susie was there last night. Susie는 어젯밤 거기에 있었다.
were	• You were very tired. 너는 매우 피곤했다. • We were at home. 우리는 집에 있었다. • The women were our aunts. 그 여자들은 우리의 이모들이었다.

 Quiz

정답 및 해설 p. 07

다음 괄호 안에서 알맞은 말을 골라 ○하세요.

1. I (was / were) in the backyard yesterday. 나는 어제 뒤뜰에 있었다.

2. The pears (is / were) sweet. 그 배들은 달콤했다.

3. (The tigers / The tiger) were big. 그 호랑이들은 컸다.

4. (That / Those) were his babies. 저들은 그의 아기들이었다.

5. Your sister (is / was) a student last year. 너의 언니는 작년에 학생이었다.

6. (You / David) were in Chicago last month. 너는 지난달 시카고에 있었다.

7. The pet shops (are / was) on the third floor. 애완동물 용품점은 3층에 있다.

8. They (are / were) seven years old a year ago. 그들은 일 년 전에 일곱 살이었다.

2. be동사 과거형의 부정문

be동사의 부정문은 be동사 다음에 not을 붙이면 됩니다.
즉, was not과 were not의 형태가 되며, '~가 아니었다, ~에 있지 않았다'의 뜻이 됩니다.

was not (= wasn't)	• I was not happy yesterday. 나는 어제 행복하지 않았다. • He was not a teacher. 그는 선생님이 아니었다. • Louis was not in the gym. Louis는 체육관에 있지 않았다.
were not (= weren't)	• You were not in the park last night. 네[너희]는 어젯밤 그 공원에 있지 않았다. • We were not in Italy last year. 우리는 작년에 이탈리아에 있지 않았다. • They were not pilots. 그들은 조종사가 아니었다.

Quiz

정답 및 해설 p. 07

다음 괄호 안에서 알맞은 말을 골라 ○하세요.

1. I (was not / not was) sad yesterday. 나는 어제 슬프지 않았다.

2. Michael (wasn't / weren't) a doctor. Michael은 의사가 아니었다.

3. The party (wasn't / weren't) good. 그 파티는 좋지 않았다.

4. The girls (wasn't / weren't) in the bookstore. 그 소녀들은 서점에 있지 않았다.

5. Julia and I (was not / were not) classmates. Julia와 나는 반 친구가 아니었다.

6. They (not were / were not) in the mall last night. 그들은 어젯밤 쇼핑몰에 없었다.

7. My parents (was not / were not) busy last month. 나의 부모님은 지난달에 바쁘지 않으셨다.

8. My puppy (wasn't / weren't) healthy a year ago. 나의 강아지는 일 년 전에 건강하지 않았다.

Build Up

A 다음 문장을 부정문으로 바꿀 때, 빈칸에 알맞은 말을 쓰세요. (단, 줄여 쓴 형태로 나타낼 것)

> • The oranges were fresh.
> 그 오렌지들은 신선했다.
> → The oranges ___weren't___ fresh.

1. The math test was easy.
그 수학 시험은 쉬웠다.
→ The math test _____ easy.

2. Tommy was my best friend.
Tommy는 나의 가장 친한 친구였다.
→ Tommy _____ my best friend.

3. My brothers were sick.
내 남동생들은 아팠다.
→ My brothers _____ sick.

4. Steve was tired yesterday.
Steve는 어제 피곤했다.
→ Steve _____ tired yesterday.

5. Jim and Ed were singers.
Jim과 Ed는 가수였다.
→ Jim and Ed _____ singers.

6. Kelly's hair was long.
Kelly's의 머리카락은 길었다.
→ Kelly's hair _____ long.

7. The cats were in the kitchen.
그 고양이들은 부엌에 있었다.
→ The cats _____ in the kitchen.

8. Miranda was a nurse.
Miranda는 간호사였다.
→ Miranda _____ a nurse.

9. My aunts were in Japan.
나의 고모들은 일본에 있었다.
→ My aunts _____ in Japan.

10. Isabelle was in her room.
Isabelle은 그녀의 방에 있었다.
→ Isabelle _____ in her room.

정답 및 해설 p. 07

B 다음 문장의 밑줄 친 부분을 바르게 고쳐 빈칸에 쓰세요.

> • That man <u>were</u> young.
> 저 남자는 젊었다.
> → **was**

1. I <u>not was</u> on the beach.
   나는 해변에 있지 않았다.
   → _____

2. The room <u>is</u> hot yesterday.
   그 방은 어제 더웠다.
   → _____

3. The bags <u>was</u> heavy.
   그 가방들은 무거웠다.
   → _____

4. My brothers <u>was</u> in their office.
   내 남동생들은 그들의 사무실에 있었다.
   → _____

5. Tim <u>is</u> weak last year.
   Tim은 작년에 몸이 약했다.
   → _____

6. The cats <u>are</u> small a year ago.
   그 고양이들은 일 년 전에 작았다.
   → _____

7. The cake <u>were</u> delicious.
   그 케이크는 맛있었다.
   → _____

8. They <u>not were</u> on the playground.
   그들은 운동장에 있지 않았다.
   → _____

9. The girls <u>was</u> ten years old two years ago.
   그 소녀들은 2년 전에 10살이었다.
   → _____

10. James and Willy <u>wasn't</u> at the library.
    James와 Willy는 도서관에 있지 않았다.
    → _____

3. be동사 과거형의 의문문(1)

의문사가 없는 **be**동사 과거형 문장은 was나 were를 문장의 맨 앞에 써서 의문문으로 나타냅니다.
즉, 「Was/Were + 주어 ~?」의 형태로 쓰며, 이는 '~이었니?, ~에 있었니?'의 의미를 나타냅니다.
대답이 긍정일 때는 「Yes, 주어 + was/were.」로 쓰고, 부정일 때는 「No, 주어 + wasn't/weren't.」로
씁니다. 이때, 주어는 대명사로 나타냅니다. ❷ 의문문의 주어가 I 또는 You일 경우, 대답하는 사람이 누구인지에 유의해서 주어를 씁니다!

Was + 주어 ~?	Was **I** late? 내가 늦었니? – Yes, **you** were. 응, 그랬어. / – No, **you** weren't. 아니, 그렇지 않았어. Was **the box** behind the door? 그 상자는 문 뒤에 있었니? – Yes, **it** was. 응, 그랬어. / – No, **it** wasn't. 아니, 그렇지 않았어.
Were + 주어 ~?	Were **you** busy? 너는[너희는] 바빴니? – Yes, **I** was. 응, 그랬어. / – No, **I** wasn't. 아니, 그렇지 않았어. (또는 Yes, **we** were.) (또는 No, **we** weren't.) Were **the men** baseball players? 그 남자들은 야구선수들이었니? – Yes, **they** were. 응, 그랬어. / – No, **they** weren't. 아니, 그렇지 않았어.

정답 및 해설 p. 07

다음 괄호 안에서 알맞은 말을 골라 ○하세요.

1. (Was / Were) he an actor? 그는 배우였니?

2. (Was / Were) your sister at school? 너의 여동생은 학교에 있었니?

3. (Was / Were) you at home? 너는 집에 있었니?

4. (Was / Were) the food great? 그 음식은 훌륭했니?

5. (Was / Were) you in the third grade? 너는 3학년이었니?

6. (Was / Were) the bears thirsty? 그 곰들은 목이 말랐니?

7. (Was / Were) the bicycles nice? 그 자전거들은 멋있었니?

4. be동사 과거형의 의문문(2)

과거의 어느 상황에서 '누가, 무엇이, 언제, 어디서, 어떻게, 왜 ~이었니?/(~에) 있었니?'를 물어볼 때, 의문사를 사용해서 물어보며 이를 문장의 맨 앞에 둡니다. 즉, 「의문사 + was/were + 주어 ~?」의 형태가 됩니다. 이에 대한 대답으로는 **yes**나 **no**를 사용하지 않고, 질문한 내용에 대해 답하면 됩니다.

의문사 + was + 주어 ~?	• Who was **the lady?** 그 숙녀는 누구였니? − She was my teacher. 그녀는 나의 선생님이셨어. • When was **your birthday?** 너의 생일은 언제였니? − It was yesterday. 어제였어.
의문사 + were + 주어 ~?	• Where were **you yesterday?** 너희는 어제 어디에 있었니? − We were in the museum. 우리는 박물관에 있었어. • How were **your meals?** 식사 어떠셨나요? − They were very good. 그것들은 정말 훌륭했어요.

「의문사 + 명사」나 「의문사 + 형용사/부사」 형태로 시작하는 의문문은 이를 한 덩어리로 보아야 합니다.
• What color **was your car?** 너의 자동차는 무슨 색이었니?
• How tall **were you last year?** 너는 작년에 키가 얼마였니?

정답 및 해설 p. 07

Quiz

〈보기〉의 의문사를 골라 **was** 또는 **were**를 사용하여 우리말 뜻과 같도록 문장을 완성하세요.

보기	who	how	why	when	what	where

1. 그 남자는 누구였니? ➡ _____ _____ the man?

2. Joe의 생일은 언제였니? ➡ _____ _____ Joe's birthday?

3. 너의 시험은 어땠니? ➡ _____ _____ your test?

4. Kate는 왜 화가 났었니? ➡ _____ _____ Kate angry?

5. 너의 부모님은 어디에 계셨니? ➡ _____ _____ your parents?

6. 너의 숙제는 무엇이었니? ➡ _____ _____ your homework?

Build Up

A 다음 의문문에 알맞은 대답에 ✔표 하세요.

> • **Was she a pilot?** 그녀는 비행기 조종사였니?
>
> ✔① Yes, she was.　　　　　② No, she weren't.

1. **Were you busy yesterday?** 너는 어제 바빴니?
   ① Yes, I was.　　　　　② No, you weren't.

2. **Why was Jessica late for school?** Jessica는 학교에 왜 늦었니?
   ① Yes, she was late.　　　　　② Because she was sick.

3. **Was the bakery big?** 그 제과점은 컸니?
   ① Yes, they were.　　　　　② No, it wasn't.

4. **What was your nickname?** 너의 별명은 무엇이었니?
   ① It was "Lovely."　　　　　② She was happy.

5. **Was the boy nine years old?** 그 소년은 9살이었니?
   ① He was young.　　　　　② No, he wasn't.

6. **Who was in the garden?** 누가 정원에 있었니?
   ① My mom was there.　　　　　② My dad likes the garden.

7. **Were the apples fresh?** 그 사과들은 신선했니?
   ① Yes, they were.　　　　　② No, they aren't.

8. **When was your vacation?** 너의 방학은 언제였니?
   ① I was on the mountain.　　　　　② It was last week.

9. **Where were Jim and Andy?** Jim과 Andy는 어디에 있었니?
   ① No, they weren't.　　　　　② They were in the park.

10. **How was the comic book?** 그 만화책 어땠니?
    ① It is interesting.　　　　　② It was funny.

B 다음 빈칸에 알맞은 말을 써서 대화를 완성하세요.

> • A: ___Were___ you in the bedroom?
> 너는 침실에 있었니?
>
> B: Yes, I was.
> 응, 그랬어.

1. A: _____ the weather nice?
   날씨가 좋았니?

   B: No, it wasn't.
   아니, 그렇지 않았어.

2. A: _____ _____ the English test?
   영어 시험은 언제였니?

   B: It was yesterday.
   어제였어.

3. A: _____ Vicky and Laura teachers?
   Vicky와 Laura는 선생님이었니?

   B: No, they weren't.
   아니, 그렇지 않았어.

4. A: Was Chris a cute baby?
   Chris는 귀여운 아기였니?

   B: Yes, he _____.
   응, 그랬어.

5. A: _____ _____ in Busan?
   누가 부산에 있었니?

   B: Carol was there.
   Carol이 거기에 있었어.

6. A: _____ the bus slow?
   그 버스는 느렸니?

   B: Yes, it was.
   응, 그랬어.

7. A: Were they with Jim?
   그들은 Jim과 있었니?

   B: No, they _____.
   아니, 그렇지 않았어.

8. A: _____ _____ Thomas?
   Thomas는 어디에 있었니?

   B: He was in the gym.
   그는 체육관에 있었어.

9. A: _____ Jake's mother a singer?
   Jake의 어머니는 가수셨니?

   B: Yes, she was.
   응, 그러셨어.

10. A: _____ _____ Ed in the hospital?
    Ed는 왜 입원해 있었니?

    B: Because he was sick.
    그가 아팠기 때문이야.

Review Test

[1-2] 다음 빈칸에 알맞은 **be동사**를 쓰세요.

1
> I _____ late for school yesterday.

2
> They _____ in Paris last month.

3 다음 빈칸에 **was**나 **were**를 넣을 때, 들어갈 말이 <u>다른</u> 하나를 고르세요.

① Jake _____ not tall.
② The tree _____ short.
③ How _____ your weekend?
④ The men _____ weak.

[4-5] 다음 주어진 문장을 과거시제로 바꿔 전체 문장을 다시 쓰세요.

4
> They are not in the garden.

→ _____

5
> When is her birthday?

→ _____

[6-7] 다음 괄호 안에서 알맞은 말을 고르세요.

6 (My mom / Amy's brothers) was angry with me.

7 (Was / Is / Are / Were) the rooms dirty yesterday?

[8-9] 다음 밑줄 친 부분을 바르게 고쳐 전체 문장을 다시 쓰세요.

8
> The women <u>wasn't</u> there.

→ _____

9
> How <u>were</u> your vacation?

→ _____

10 다음 중 우리말을 영어로 바르게 옮긴 것을 고르세요.

> Emma는 어제 매우 아팠다.

① Emma is very sick yesterday.
② Emma was very sick yesterday.
③ Emma were very sick yesterday.
④ Emma are very sick yesterday.

11 다음 의문문에 알맞은 대답을 고르세요.

> How was the movie?

① It is good.
② Yes, it was.
③ It was funny.
④ I was at home.

12 다음 밑줄 친 ①~④ 중 잘못된 것을 고르세요.

Why are the children at home
①   ②   ③   ④

yesterday?

13 다음 문장을 지시대로 바꿔 쓸 때, 괄호 안에서 알맞은 말을 고르세요.

Linda and I are in the park now.
(now를 yesterday로)

→ Linda and I (was / were) in the park yesterday.

[14-15] 다음 우리말 뜻과 같도록 빈칸에 알맞은 말을 쓰세요.

14 그들은 2학년이었니?

→ _____ _____ in the second grade?

15 바구니 안에는 무엇이 있었니?

→ _____ _____ in the basket?

16 다음 대화의 빈칸에 알맞은 대답을 쓰세요.

A: Were you a shy girl?
B: No, I _____ _____ .

[17-18] 다음 우리말에 맞게 주어진 단어를 알맞게 배열하세요.

17 Amy는 유명한 가수가 아니었다.
(was / Amy / famous / a / not / singer)

→ _____

18 그 아이들은 어제 어디에 있었니?
(the / where / were / yesterday / children / ?)

→ _____

| 수원 ○○중 응용 |

19 빈칸에 was[Was]가 들어갈 수 없는 것을 고르세요.

① Amy _____ not hungry.
② _____ Tony at home?
③ _____ she sad?
④ The question _____ not easy.
⑤ Tim and I _____ young.

| 서울 ○○중 응용 |

20 다음 중 잘못된 문장을 고르세요.

① I'm not thirsty.
② My sister is a nurse.
③ You was here last night.
④ He was at home yesterday.
⑤ They were expensive.

Word Review

다음은 **Chapter 4**에 사용된 주요 단어입니다.
소리 내어 읽으면서 써보세요.

	단어	뜻	쓰기		단어	뜻	쓰기
1	behind	~ 뒤에		14	at home	집에(서)	
2	thirsty	목마른		15	sick	아픈	
3	bakery	제과점, 빵집		16	shy	수줍은	
4	nickname	별명		17	grade	학년, 등급	
5	backyard	뒤뜰		18	angry	화가 난	
6	ago	~ 전에		19	dirty	더러운	
7	healthy	건강한		20	gym	체육관	
8	delicious	맛있는		21	tired	피곤한	
9	mountain	산		22	funny	재미있는, 우스운	
10	famous	유명한		23	office	사무실	
11	nurse	간호사		24	vacation	휴가. 방학	
12	expensive	비싼		25	fresh	신선한	
13	last	지난					

☆ **Word Review**에서 학습한 25개 단어는 워크북 36쪽에서 테스트해 볼 수 있습니다.

Mid-Term

Mid-Term

[1-3] 다음 괄호 안에서 알맞은 말을 고르세요.

1 A: (What / Whose) dolls are these?

   B: They are Ann's dolls.

2 A: (What / Where) do you study?

   B: I study in the library.

3 A: (What / How) subject do you like?

   B: I like science.

4 다음 중 밑줄 친 부분이 잘못된 문장을 고르세요

   ① Who is the handsome man?

   ② Who speaks Korean?

   ③ Who is your favorite book?

   ④ Who is in the bedroom?

[5-6] 다음 주어진 질문에 알맞은 대답을 고르세요.

5 Whose room is this?

   (My sister likes it. / It is Jay's room.)

6 What sports do they like?

   (They do them every day. / They like tennis.)

7 다음 빈칸에 들어갈 알맞은 의문사를 쓰세요.

   A: _____ do you do on Sunday?

   B: I go hiking with my dad.

[8-9] 다음 빈칸에 공통으로 들어갈 의문사를 쓰세요.

8 • _____ is your book?

   • _____ size do you wear?

   → _____

9 • _____ often do you play tennis?

   • _____ far is Seoul from here?

   → _____

10 다음 중 밑줄 친 부분이 잘못된 것을 고르세요.

   ① A: When is Parents' Day?

      B: It is May 8th.

   ② A: Where is the bookstore?

      B: It is next to the bakery.

   ③ A: How are you today?

      B: I am good.

   ④ A: Where does the bank open?

      B: It opens at 4.

정답 및 해설 p. 08

11 다음 중 짝지어진 대화가 잘못된 것을 고르세요.

① A: How long is this river?
B: Yes, it is very long.

② A: How often do you play soccer?
B: Every day.

③ A: How much are those pants?
B: They are five dollars.

④ A: How many desks are there?
B: There are six.

[12-13] 다음 밑줄 친 부분에서 잘못된 곳을 찾아 바르게 고치세요.

12

A: How far is your brother?
B: He is two years old.

_____ → _____

13

A: How many rice does he eat?
B: He eats a bowl of rice.

_____ → _____

14 다음 빈칸에 들어갈 be동사의 형태가 나머지 셋과 다른 것을 고르세요.

① There _____ milk in the jar.
② There _____ flour in the bowl.
③ There _____ sharks in that sea.
④ There _____ a lady over there.

[15-16] 다음 밑줄 친 부분을 바르게 고쳐 전체 문장을 다시 쓰세요.

15

What time <u>does</u> they go to school?

→ _____

16

<u>There aren't</u> any milk in my house.

→ _____

[17-18] 다음 문장을 우리말 뜻과 같도록 배열하세요.

17

탁자 위에 크레용들이 없다.

(are / there / on / the / crayons / not / table)

→ _____

18

우리는 얼마나 많은 돈이 필요한가요?

(much / money / need / how / we / do / ?)

→ _____

[19-20] 다음 우리말 뜻에 맞게 빈칸에 알맞은 말을 넣으세요.

19

Ed와 Amy는 어제 그 수영장에 있었다.
→ Ed and Amy _____ in the pool yesterday.

→ _____

20 어제 날씨가 좋았니?

→ _____ the weather nice yesterday?

21 다음 의문문에 알맞은 대답을 고르세요.

A: Where was Thomas?
B: _____

① Yes, he was.
② He was in the park.
③ Because he was sick.
④ It was yesterday.

[22-23] 다음 대화에서 잘못된 곳 한 군데를 찾아 바르게 고치세요.

22
A: How many is this book?
B: It is 4000 won.

_____ → _____

23
A: How day is it today?
B: Today is Monday.

_____ → _____

[24-26] 다음 빈칸에 들어갈 알맞은 말을 쓰세요.

24
A: _____ do you see?
B: I see Minsu and Jenny.

25
A: _____ is a good restaurant?
B: It is next to the bookstore.

26
A: _____ _____ does Minsu get up?
B: He gets up at 6.

27 다음 대화의 각 빈칸에 알맞은 의문사를 쓰세요.

A: ___ⓐ___ is our math room?
B: It is on the 2nd floor.
A: ___ⓑ___ is our math teacher?
B: Our math teacher is Mr. Kim.

ⓐ _____ ⓑ _____

[28-30] 다음 우리말 뜻과 같도록 주어진 단어를 사용하여 문장을 완성하세요.

28 시장에 사람들이 많이 있니? (people, there)

→ _____ at the market?

29 너는 얼마나 자주 그곳에 가니? (often)

→ _____ go there?

30 너는 누구의 책을 읽니? (read)

→ _____?

CHAPTER

5

일반동사의 과거

1. 일반동사 과거형의 규칙변화

과거의 동작이나 상태를 표현할 때 일반동사의 과거시제를 사용하며, 이는 '~했다'의 의미를 나타냅니다.
형태는 보통 동사 끝에 -ed를 붙이는데, -e로 끝나는 동사는 d만 붙입니다.

대부분의 일반동사	• call**ed** 전화했다	• walk**ed** 걸었다	• help**ed** 도와주었다
-e로 끝나는 동사	• like**d** 좋아했다	• bake**d** 구웠다	• dance**d** 춤췄다

「자음 + y」로 끝나는 동사와 「모음 1개 + 자음 1개」의 형태로 끝나는 동사도 규칙적으로 변합니다.
- 「자음 + y」로 끝나는 동사는 y를 i로 고치고 -ed를 붙입니다. (단, 「모음 + y」는 -ed만 붙입니다.)
- 「모음 1개 + 자음 1개」로 끝나는 동사는 마지막 자음을 하나 더 쓰고 -ed를 붙입니다.

「자음 + y」로 끝나는 동사	• stu**dy** 공부하다 ➡ stud**ied** 　 • **cry** 울다 ➡ cr**ied** • **carry** 운반하다 ➡ carr**ied** ○ 「모음 + y」: play → played
「모음 1개 + 자음 1개」로 끝나는 동사	• stop**ped** 멈추었다 　 • drop**ped** 떨어뜨렸다 　 • hug**ged** 껴안았다 • plan**ned** 계획했다

정답 및 해설 p. 10

다음 괄호 안에서 알맞은 말을 골라 ○하세요.

1. I (helpd / helped) my sister. 나는 나의 여동생을 도왔다.

2. The girl (lieed / lied) to her teacher. 그 소녀는 그녀의 선생님에게 거짓말을 했다.

3. Jake (plaied / played) badminton. Jake는 배드민턴을 쳤다.

4. Isabelle (wantd / wanted) that skirt. Isabelle은 그 치마를 원했다.

5. The boy (droped / dropped) the vase. 그 소년은 그 꽃병을 떨어뜨렸다.

6. We (walkd / walked) along the lake. 우리는 호수를 따라 걸었다.

7. The truck (stoped / stopped) in front of me. 그 트럭은 내 앞에서 멈추었다.

2. 일반동사 과거형의 불규칙변화

-d나 -ed를 붙이는 형태가 아닌 불규칙하게 변하는 동사들도 있습니다.
크게 과거형의 형태가 바뀌는 것과 과거형과 현재형이 동일한 것으로 나눌 수 있습니다.

과거형이 바뀌는 동사	• go 가다 ➡ went	• make 만들다 ➡ made	• buy 사다 ➡ bought
	• sit 앉다 ➡ sat	• come 오다 ➡ came	• drive 운전하다 ➡ drove
	• get 가지다 ➡ got	• send 보내다 ➡ sent	• take 가지고 가다 ➡ took
	• run 달리다 ➡ ran	• have 가지다 ➡ had	• write 쓰다 ➡ wrote
	• see 보다 ➡ saw	• give 주다 ➡ gave	• sing 노래하다 ➡ sang
	• do 하다 ➡ did	• meet 만나다 ➡ met	• swim 수영하다 ➡ swam
	• eat 먹다 ➡ ate	• know 알다 ➡ knew	• drink 마시다 ➡ drank
	• wear 입다 ➡ wore	• ride 타다 ➡ rode	• begin 시작하다 ➡ began
	• tell 말하다 ➡ told	• sell 팔다 ➡ sold	• teach 가르치다 ➡ taught
	• say 말하다 ➡ said	• draw 그리다 ➡ drew	• wake 깨다, 깨우다 ➡ woke
	• sleep 자다 ➡ slept	• speak 말하다 ➡ spoke	• catch 잡다 ➡ caught
현재형과 동일한 동사	• cut 자르다 ➡ cut	• put 놓다 ➡ put	• hit 치다 ➡ hit
	• hurt 다치게 하다 ➡ hurt	• read 읽다 ➡ read ❶ read는 현재형([riːd])과 과거형([red])의 형태는 같지만, 발음이 다르므로 주의해야 합니다.	

정답 및 해설 p. 10

다음 괄호 안에서 알맞은 말을 골라 ◯하세요.

1. We (goed / went) to the park. 우리는 공원에 갔다.

2. James (maked / made) a toy car. James는 장난감 자동차 하나를 만들었다.

3. Dorothy (buyed / bought) a new book. Dorothy는 새 책을 한 권 샀다.

4. He (putted / put) the book on the desk. 그는 그 책을 책상에 올려놓았다.

5. The students (read / red) the magazine. 그 학생들은 그 잡지를 읽었다.

6. He (eated / ate) an apple this morning. 그는 오늘 아침에 사과를 먹었다.

7. Ron (gived / gave) some flowers to Ann. Ron은 Ann에게 몇 송이의 꽃을 주었다.

Build Up

A 다음 주어진 동사를 과거형으로 바꿔 문장을 완성하세요.

> • I ___got___ ___up___ late this morning.
> 나는 오늘 아침에 늦게 일어났다.

get up

1. Manny _____ me yesterday.

   Manny는 어제 나에게 전화했다.

   call

2. The girls _____ all day.

   그 소녀들은 하루 종일 노래했다.

   sing

3. I _____ the scarf to Jack.

   나는 그 목도리를 Jack에게 보냈다.

   send

4. The dog _____ to the tree.

   그 개는 나무로 달려갔다.

   run

5. We _____ our homework before dinner.

   우리는 저녁 식사 전에 우리의 숙제를 끝마쳤다.

   finish

6. She _____ along the river.

   그녀는 그 강을 따라 걸었다.

   walk

7. Vicky _____ her friend yesterday.

   Vicky는 어제 그녀의 친구를 만났다.

   meet

8. Cindy _____ in the hotel for five days.

   Cindy는 5일 동안 그 호텔에 머물렀다.

   stay

9. My father _____ the car slowly.

   나의 아버지는 그 차를 천천히 운전하셨다.

   drive

10. I _____ for John in front of the restaurant.

    나는 그 식당 앞에서 John을 기다렸다.

    wait

B 다음 밑줄 친 부분을 바르게 고쳐 빈칸에 쓰세요.

> • My puppies <u>sleeped</u> on the mat. → ___slept___
> 내 강아지들이 매트 위에서 잤다.

1. My brother and I <u>watch</u> a movie yesterday. → _____
   나의 형과 나는 어제 영화 한 편을 봤다.

2. His school <u>begined</u> at ten o'clock yesterday. → _____
   그의 학교는 어제 10시에 시작했다.

3. I <u>drinked</u> three glasses of water after the game. → _____
   나는 그 경기 후에 물 세 잔을 마셨다.

4. Ms. Brown <u>huged</u> her students. → _____
   Brown 선생님은 그녀의 학생들을 안아 주었다.

5. Beth <u>washes</u> her car last night. → _____
   Beth는 어젯밤에 세차했다.

6. Susie and Max <u>swimed</u> in the sea. → _____
   Susie와 Max는 바다에서 수영했다.

7. My sister <u>weared</u> a yellow T-shirt. → _____
   나의 여동생은 노란색 티셔츠를 입었다.

8. Wendy <u>teached</u> music. → _____
   Wendy는 음악을 가르쳤다.

9. Helen <u>shoped</u> with her friends. → _____
   Helen은 자신의 친구들과 쇼핑을 했다.

10. Andrew <u>rided</u> his bike this morning. → _____
    Andrew는 오늘 아침에 그의 자전거를 탔다.

3. 일반동사 과거형의 부정문

일반동사가 쓰인 과거형 문장을 부정문으로 만들기 위해서는 주어에 상관없이 일반동사 앞에 **did not**을 넣어 「**did not** + 동사원형」의 형태로 씁니다. 이때, **did not**은 didn't로 줄여 쓸 수 있습니다.

did not + 동사원형 (did not = didn't)	• I did not go to the station. 나는 그 역에 가지 않았다. • He did not study English last year. 그는 작년에 영어 공부를 하지 않았다. • We did not eat lunch yesterday. 우리는 어제 점심 식사를 하지 않았다. • They did not have any money. 그들은 돈이 조금도 없었다.

Quiz

정답 및 해설 p. 10

다음 문장을 부정문으로 바꿔 쓸 때, 빈칸에 알맞은 말을 넣으세요.

1. **I made soup for Julia.** 나는 Julia를 위해 수프를 만들었다.
   → I _____ _____ _____ soup for Julia.

2. **The bus stopped here.** 그 버스는 여기서 멈췄다.
   → The bus _____ _____ _____ here.

3. **We had a nice necklace.** 우리는 멋진 목걸이를 가지고 있었다.
   → We _____ _____ _____ a nice necklace.

4. **Rachel gave a book to me.** Rachel은 나에게 책을 한 권 주었다.
   → Rachel _____ _____ _____ a book to me.

5. **My brothers ate bread for breakfast.** 나의 남동생들은 아침 식사로 빵을 먹었다.
   → My brothers _____ _____ _____ bread for breakfast.

6. **Sam and Kate studied in the library.** Sam과 Kate는 도서관에서 공부했다.
   → Sam and Kate _____ _____ _____ in the library.

7. **The students went to the museum.** 그 학생들은 박물관에 갔다.
   → The students _____ _____ _____ to the museum.

4. 일반동사 과거형의 의문문

일반동사가 쓰인 과거형 문장을 의문문으로 만들기 위해서는 주어에 상관없이 **did**를 주어의 앞에 넣어 「Did + 주어 + 동사원형 ~?」의 형태로 씁니다. 대답이 긍정일 때는 「Yes, 주어 + did.」로 쓰고, 부정일 때는 「No, 주어 + didn't.」로 씁니다. 이때, 주어는 대명사로 나타냅니다.

Did + 주어 + 동사원형 ~?	• **Did you clean** your room? 너는 너의 방을 청소했니? 　– Yes, I did. 응, 했어. / – No, I didn't. 아니, 안 했어. • **Did they go** shopping yesterday? 그들은 어제 쇼핑갔니? 　– Yes, they did. 응, 그랬어. / – No, they didn't. 아니, 그러지 않았어.

의문사를 사용하여 구체적인 정보를 물을 때는 **did** 앞에 의문사를 넣어 「의문사 + **did** + 주어 + 동사원형 ~?」의 형태로 씁니다. 이에 대한 대답은 질문에 알맞은 내용으로 답하면 됩니다.

의문사 + did + 주어 + 동사원형 ~?	• **Where did you go** last Sunday? 너는 지난 일요일에 어디에 갔니? 　– I went to the gym. 나는 체육관에 갔어. • **Who played** with the children? 누가 그 아이들과 놀았니? 　– Harry played with them. Harry가 그들과 놀았어.

▶ 의문사가 주어로 쓰일 경우, 의문사 다음에 바로 동사를 쓰면 됩니다. (Who did play with ~ ? (X))

Quiz

정답 및 해설 p. 10

다음 두 문장 중 맞게 쓰인 것에 ○하세요.

1. Did they cut the grass? / Did cut they the grass?
   그들은 잔디를 깎았니?

2. Did she does her homework? / Did she do her homework?
   그녀는 숙제를 했니?

3. Did we bought a new fork? / Did we buy a new fork?
   우리는 새 포크를 샀니?

4. Did when Brian come home? / When did Brian come home?
   Brian은 언제 집에 왔니?

5. Where did she buy those shoes? / Where did she bought those shoes?
   그녀는 저 신발을 어디에서 샀니?

6. Who did use this computer last night? / Who used this computer last night?
   누가 어젯밤에 이 컴퓨터를 사용했니?

Build Up

A 다음 우리말 뜻과 같도록 주어진 단어를 사용하여 빈칸에 알맞은 말을 쓰세요.

> • 나는 오이를 좋아하지 않았다.
>   → I ___didn't___ ___like___ cucumbers.

`like`

1. Jimmy는 안경을 쓰지 않았다.
   → Jimmy _____ _____ glasses.

`wear`

2. 그녀는 파티에 오지 않았다.
   → She _____ _____ to the party.

`come`

3. 그 남자는 그 자동차를 가지고 있지 않았다.
   → The man _____ _____ the car.

`have`

4. Sue는 채소를 사지 않았다.
   → Sue _____ _____ vegetables.

`buy`

5. Tony는 운동을 즐기지 않았다.
   → Tony _____ _____ sports.

`enjoy`

6. 너는 어제 동물원에 갔니?
   → _____ you _____ to the zoo yesterday?

`go`

7. 그들은 학교에 걸어갔니?
   → _____ they _____ to school?

`walk`

8. 누가 이 책들을 탁자 위에 놓았니?
   → _____ _____ these books on the table?

`put`

9. 왜 그들은 집에 늦게 왔니?
   → _____ _____ they _____ home late?

`come`

10. Joe는 어디에서 그의 친구를 만났니?
    → _____ _____ Joe _____ his friends?

`meet`

B 다음 의문문에 알맞은 대답을 완성하세요.

> • **A: Did you want a new cellphone?**
> 너는 새 휴대전화를 원했니?
>
> **B: Yes, I ___did___ .**
> 응, 그랬어.

1. **A: Did Nick eat dinner?**
   Nick은 저녁을 먹었니?

   B: No, _____ _____ .
   아니, 그러지 않았어.

2. **A: Did the kids go to school?**
   그 아이들이 학교에 갔니?

   B: Yes, _____ _____ .
   응, 그랬어.

3. **A: Did your children sing?**
   당신의 아이들이 노래를 불렀나요?

   B: No, _____ _____ .
   아니, 그러지 않았어요.

4. **A: Did Joan wash her hair?**
   Joan은 자신의 머리를 감았니?

   B: Yes, _____ _____ .
   응, 그랬어.

5. **A: Did your brother cook yesterday?**
   너의 남동생은 어제 요리를 했니?

   B: Yes, _____ _____ .
   응, 그랬어.

6. **A: When did the musical start?**
   그 뮤지컬은 언제 시작했니?

   B: It _____ at 2.
   그것은 2시에 시작했어.

7. **A: What did David make yesterday?**
   David는 어제 무엇을 만들었니?

   B: He _____ a dress.
   그는 드레스를 한 벌 만들었어.

8. **A: What did they buy at the store?**
   그들은 그 가게에서 무엇을 샀니?

   B: They _____ some cheese.
   그들은 약간의 치즈를 샀어.

9. **A: How did Sean go to the beach?**
   Sean은 그 해변에 어떻게 갔니?

   B: He _____ there by car.
   그는 차로 그곳에 갔어.

10. **A: How many dogs did you have?**
    너는 몇 마리의 개를 가지고 있었니?

    B: I _____ five dogs.
    나는 다섯 마리의 개를 가지고 있었어.

Review Test

[1-3] 다음 주어진 동사의 과거형을 쓰세요.

1 cry → _____

2 buy → _____

3 teach → _____

[4-5] 다음 괄호 안에서 알맞은 말을 고르세요.

4 The bus (hit / hits / hitted) the bridge yesterday.

5 Kate didn't (write / writes / wrote) a letter to Jack.

[6-7] 다음 빈칸에 알맞은 것을 고르세요.

6
A: Did Amy live in Seoul last year?
B: Yes, she _____ .

① was ② lives ③ does ④ did

7
A: What did Sam wear?
B: He _____ a blue shirt.

① wear ② wears
③ weared ④ wore

[8-9] 다음 중 밑줄 친 부분을 바르게 고쳐 문장 전체를 다시 쓰세요.

8
They play baseball here last month.

→ _____

9
Who visits you last weekend?

→ _____

10 다음 주어진 문장을 의문문으로 바꾸세요.

You swam in the pool.

→ _____

11 다음 중 짝지어진 대화가 잘못된 것을 고르세요.

① A: Did David miss her?
  B: No, he didn't.

② A: Who made this doll?
  B: Jenny made it.

③ A: Did you have breakfast?
  B: Yes, I did.

④ A: When did she buy it?
  B: She bought it at the mall.

12 다음 (A), (B)에 **go**를 알맞은 형태로 쓰세요.

A: When did Mark (A) _____ to Russia?
B: He (B) _____ last Monday.

13 다음 밑줄 친 ①~④ 중 잘못된 것을 고르세요.

> Tim <u>didn't</u> <u>came</u> home <u>late</u>
> ①   ②   ③
>
> <u>yesterday</u>.
> ④

14 다음 우리말 뜻과 같도록 괄호 안에서 알맞은 말을 고르세요.

> Lisa는 그녀의 커피에 설탕을 조금 넣었다.

→ Lisa (puts / putted / put) some sugar in her coffee.

15 다음 주어진 말을 알맞은 형태로 바꿔 빈칸에 쓰세요.

> Tony _____ some books last weekend. (read)

[16-17] 다음 빈칸에 알맞은 말을 쓰세요.

16
> A: Did Joe walk to school yesterday?
> B: No, he _____.

17
> A: When did Vicky ride a bicycle?
> B: She _____ it last night.

18 다음 주어진 말을 우리말 뜻과 같도록 배열하세요.

> Kelly는 어제 누구를 만났니?

(did / Kelly / yesterday / who / meet / ?)

→ _____

| 인천 ○○중 응용 |

19 다음 우리말을 영어로 바르게 옮긴 것을 고르세요.

> 너는 너의 선생님을 도와드렸니?

① Help you your teacher?
② Were you help your teacher?
③ Do you help your teacher?
④ Did you help your teacher?
⑤ Did you helped your teacher?

| 인천 ○○중 응용 |

20 다음 질문에 대한 응답으로 알맞지 <u>않은</u> 것을 고르세요.

> What did you do last Sunday?

① I went to a movie.
② I did my homework at home.
③ I visited a zoo with my family.
④ I play basketball at school.
⑤ I took care of my brother.

Word Review

다음은 **Chapter 5**에 사용된 주요 단어입니다.
소리 내어 읽으면서 써보세요.

단어	뜻	쓰기	단어	뜻	쓰기
1 along	~을 따라서		14 go to a movie	영화 보러 가다	
2 all day	하루 종일		15 take care of	~을 돌보다	
3 begin	시작하다		16 last	지난, 마지막의	
4 shop	쇼핑하다; 가게		17 carry	들고 다니다, 운반하다	
5 station	(기차)역		18 plan	계획하다	
6 necklace	목걸이		19 drop	떨어뜨리다	
7 grass	잔디		20 in front of	~앞에	
8 late	늦은; 늦게		21 bake	굽다	
9 cucumber	오이		22 send	보내다	
10 vegetable	채소		23 know	알다	
11 cellphone	휴대전화		24 sell	팔다	
12 visit	방문하다		25 hurt	아프다, 상처 입히다	
13 beach	해변				

☆ **Word Review**에서 학습한 25개 단어는 워크북 45쪽에서 테스트해 볼 수 있습니다.

CHAPTER

6

조동사(1)

1. 조동사 can(1)

조동사는 be동사나 일반동사 앞에 쓰여서 그것들의 의미를 더해주는 역할을 합니다.

조동사는 주어에 따른 형태 변화가 없으며 함께 쓰이는 be동사나 일반동사는 반드시 원형으로 씁니다.

조동사 can은 '~할 수 있다, ~해도 된다'라는 뜻으로 동사에 '능력/허락'의 의미를 더해줍니다.

| can | 능력 | ~할 수 있다 | Suzy can play the guitar. Suzy는 기타를 연주할 수 있다. |
| | 허락 | ~해도 된다 | You can go home now. 너는 지금 집에 가도 된다. |

조동사 can이 '~할 수 있다'의 의미를 나타내는 경우, 이를 be able to를 사용한 표현으로 바꿔 쓸 수 있습니다. 이때, be동사는 주어에 맞게 씁니다.

· I **can speak** Korean. ➡ I am able to speak Korean. 나는 한국어를 말할 수 있다.
· Edan **can play** golf. ➡ Edan is able to play golf. Edan은 골프를 칠 수 있다.
· They **can play** the cello. ➡ They are able to play the cello. 그들은 첼로를 연주할 수 있다.

정답 및 해설 p. 11

다음 괄호 안에서 알맞은 말을 골라 ○하세요.

1. I (can play / play can) the flute. 나는 플루트를 연주할 수 있다.

2. He (can speak / cans speak) English. 그는 영어를 말할 수 있다.

3. Sue (can sings / can sing) well. Sue는 노래를 잘할 수 있다.

4. I (be able to / am able to) throw the ball. 나는 그 공을 던질 수 있다.

5. The baby (is able to throw / is able to throws) a ball. 그 아기는 공을 던질 수 있다.

6. They (are able to / can be able to) play chess. 그들은 체스를 할 수 있다.

2. 조동사 can(2)

조동사의 부정문은 조동사 뒤에 not을 씁니다. can이 쓰인 문장의 부정문은 「cannot + 동사원형」이 되며, cannot은 can't로 줄여 쓸 수 있습니다. ○ 「be able to」를 사용하여 부정문을 나타낼 경우, be동사 다음에 not를 붙입니다.

| cannot | ~할 수 없다 (= ~ 못 한다) | Nancy cannot ride a bicycle. ○ Nancy is not able to ride a bicycle.
Nancy는 자전거를 못 탄다. |
| | ~해서는 안 된다 | You cannot stay here.
너는 여기에 머무르면 안 된다. |

조동사를 써서 의문문을 표현할 경우, 조동사를 문장의 맨 앞에 두고 주어와 동사원형을 이어 씁니다. can이 쓰인 문장의 의문문은 「Can + 주어 + 동사원형 ~?」의 형태가 됩니다. ○ 대답은 Yes, I can. 또는 No, I can't.로 하면 됩니다.

Can + 주어 + 동사원형 ~?	~할 수 있니?	Can you play the violin? 너는 바이올린을 연주할 수 있니?	– Yes, I can. 응, 할 수 있어. – No, I can't. 아니, 못해.
	~해도 되니?	Can I use your computer? 내가 너의 컴퓨터를 써도 되니?	– Yes, you can. 응, 돼. – No, you can't. 아니, 안 돼.
	~해 줄래?	Can you pass me the salt? 나한테 소금 좀 건네줄래?	– Sure. 물론이지. – Sorry, I can't. 미안하지만, 안 돼.

○ 「Can you ~?」의 경우, 요청의 뜻을 나타내기도 합니다. 이에 대한 답은 내용에 따라 보통 Sure, Okay, Sorry, Of course. 등으로 합니다.
○ 「be able to」를 사용하여 의문문을 나타낼 경우, be동사를 문장의 맨 앞에 씁니다. ex) Are you able to play the violin?

Quiz

정답 및 해설 p. 11

다음 괄호 안에서 알맞은 말을 골라 ○하세요.

1. Edward (cannot / not can) catch the insects. Edward는 그 곤충들을 잡을 수 없다.

2. They (cannot eat / don't can eat) with chopsticks. 그들은 젓가락으로 먹을 수 없다.

3. The bird cannot (fly / flies). 그 새는 날 수 없다.

4. Karl (can't drive / can't drives) the truck. Karl은 트럭을 운전할 수 없다.

5. (Can find the man / Can the man find) the boy? 그 남자는 그 소년을 찾을 수 있니?

6. Can Sally (write / writes) a letter in English? Sally는 영어로 편지를 쓸 수 있니?

Build Up

A 다음 괄호 안에서 알맞은 말을 골라 ◯하세요.

> • A: (Can / Does) Dean run fast?
>   Dean은 빨리 달릴 수 있니?
>
> B: Yes, he can.
>   응, 할 수 있어.

1. A: (Do can / Can) the boys catch balls?
   그 소년들은 공을 잡을 수 있니?

   B: Yes, they can.
   응, 할 수 있어.

2. A: Can Ann (brush / brushes) her teeth?
   Ann은 이를 닦을 수 있니?

   B: No, she can't.
   아니, 못 해.

3. A: Can (finish he / he finish) his homework?
   그는 그의 숙제를 끝낼 수 있니?

   B: Yes, he can.
   응, 할 수 있어.

4. A: Can you see him today?
   너희는 오늘 그를 만날 수 있니?

   B: Yes, we (can / can't).
   응, 만날 수 있어.

5. A: (Can she / Cans she) help Thomas?
   그녀는 Thomas를 도울 수 있니?

   B: No, she can't.
   아니, 못 해.

6. A: Can the girls (dances / dance) well?
   그 소녀들은 춤을 잘 출 수 있니?

   B: Yes, they can.
   응, 할 수 있어.

7. A: (Can they / They can) ride a horse?
   그들은 말을 탈 수 있니?

   B: Yes, they can.
   응, 할 수 있어.

8. A: Can penguins fly?
   펭귄은 날 수 있니?

   B: No, (it / they) can't.
   아니, 날 수 없어.

9. A: Can Alex come to the party?
   Alex는 파티에 올 수 있니?

   B: No, (can't he / he can't).
   아니, 못 와.

10. A: Can your sister make sandwiches?
    너의 언니는 샌드위치를 만들 수 있니?

    B: No, (she can / she can't).
    아니, 못 해.

B 다음 밑줄 친 부분의 우리말 뜻을 쓰세요.

- Jinsu **can read** French. → 진수는 프랑스어를 ___읽을 수 있다___.

1. The child **can write** his name. → 그 어린이는 그의 이름을 _____.

2. Robert **can ski**. → Robert는 _____.

3. Elephants **cannot fly**. → 코끼리는 _____.

4. Cats **can catch** mice. → 고양이는 쥐를 _____.

5. **Can I use** your bike, Maggie? → Maggie야, 내가 너의 자전거를 _____?

6. You **cannot eat** food here. → 너는 여기에서 음식을 _____.

7. They **can answer** my questions. → 그들은 나의 질문에 _____.

8. **Can you take a picture** for me? → 나를 위해 _____?

9. My dad **cannot cook** spaghetti. → 나의 아빠는 스파게티를 _____.

10. **Can she climb** the ladder? → 그녀는 사다리를 _____?

3. 조동사 may

조동사 **may**는 '∼해도 된다'라는 뜻으로 '허락'의 의미를 나타냅니다.
부정문으로 쓸 경우, may 뒤에 not을 붙이며 '∼하면 안 된다'의 의미를 나타냅니다.
의문문으로 쓸 경우, May를 문장의 맨 앞에 두고 뒤에 주어와 동사원형을 차례로 씁니다. 이는 '∼해도 되니?'
의 의미를 나타냅니다.

may	∼해도 된다	**You** may use **my cellphone.** 너는 내 휴대전화를 사용해도 돼.
may not	∼하면 안 된다	**Visitors** may not take **photos here.** 방문객들은 이곳에서 사진을 찍으면 안 된다.
May + 주어 + 동사원형 ∼?	∼해도 될까요?	May I come **in?** 내가 들어가도 될까요?	– **Yes, you may.** 네, 그러세요. – **No, you may not.** 아니요, 안 돼요.

May I ∼?를 사용한 질문에 대한 긍정의 대답으로는 **Yes, you may.** 외에 **Sure.**(물론이죠.), **Of course.**
(물론이죠.) 등을 쓸 수 있습니다.

정답 및 해설 p. 11

A 다음 괄호 안에서 알맞은 말을 골라 ○하세요.

1. You (**may** / **mays**) use my dictionary. 너는 내 사전을 써도 된다.

2. May I (**see** / **saw**) your ticket? 표를 봐도 될까요? (= 표를 보여주시겠어요?)

3. You may (**go** / **goes**) home now. 너는 이제 집에 가도 된다.

4. You (**don't may enter** / **may not enter**) this room. 너는 이 방에 들어가면 안 된다.

5. (**Do I may have** / **May I have**) your attention? 주목해주시겠어요?

B 다음 우리말 뜻과 같도록 **may**와 주어진 말을 사용하여 빈칸을 완성하세요.

1. 제가 당신의 휴대전화를 봐도 될까요? (see)

   → _____ _____ _____ your cellphone?

2. 여기서 달리면 안 됩니다. (run)

   → You _____ _____ _____ here.

3. 방문객들은 그들의 가방에 음식을 가져와서는 안 됩니다. (bring)

   → Visitors _____ _____ _____ food in their bag.

4. 우리가 화장실을 사용해도 될까요? (use)

   → _____ _____ _____ the restroom?

5. 동물들은 이 식당에 들어올 수 없습니다. (enter)

   → Animals _____ _____ _____ this restaurant.

C 다음 의문문에 알맞은 대답을 고르세요.

1. **May I go home?**
   ① No, you don't.   ② Yes, you may.

2. **May I use your pen?**
   ① Yes, you do.   ② Sure.

3. **May I sit here?**
   ① Of course.   ② Sorry, I can't.

4. **May I use your cellphone?**
   ① No, you don't.   ② Yes, here it is.

Build Up

A 다음 우리말 뜻과 같도록 〈보기〉에 있는 단어와 **may**를 사용하여 빈칸에 알맞은 말을 쓰세요.

| 보기 | play | go | read | bring | stay | come | ask | speak |

• 너는 이 공원에서 농구를 해도 된다.

→ You _____may_____ _____play_____ basketball in this park.

---

1. 당신에게 질문을 해도 될까요?

→ _____ I _____ you a question?

2. 당신은 당신의 애완동물을 데려오면 안 됩니다.

→ You _____ _____ _____ your pet.

3. 너는 나하고 여기 머물러도 돼.

→ You _____ _____ here with me.

4. Sue는 그 책을 읽어서는 안 된다.

→ Sue _____ _____ _____ that book.

5. 제가 들어가도 될까요?

→ _____ I _____ in?

6. 그 아이는 오늘 동물원에 가면 안 된다.

→ The kid _____ _____ _____ to the zoo.

7. 제가 Thomas와 통화할 수 있을까요?

→ _____ I _____ to Thomas?

B 다음 우리말 뜻과 같도록 주어진 말들을 배열하세요.

> • 제가 도와 드릴까요? (help / I / you / may)
> → _____ May I help you? _____

1. 여기서 사진을 찍어도 될까요? (take / a / here / I / picture / may)
→ _____

2. 너는 지금 집에 가면 안 된다. (may / now / you / go / not / home)
→ _____

3. 너는 그 호텔에 머물러도 좋다. (may / at / you / hotel / stay / the)
→ _____

4. 당신 옆에 앉아도 될까요? (sit / next to / may / I / you)
→ _____

5. 학생들은 그 자동차를 사용해서는 안된다. (the / not / students / use / car / may)
→ _____

6. 그녀는 그와 함께 파티에 와서는 안 된다. (come / party / him / may / she / to / with / not / the)
→ _____

7. 창문 열어도 될까요? (open / the / may / window / I)
→ _____

Review Test

[1-2] 다음 빈칸에 알맞은 것을 고르세요.

1
> They _____ able to take a walk now.

① can   ② be   ③ am   ④ are

2
> Sophie _____ speak Korean.

① don't   ② cannot
③ isn't   ④ aren't

3 다음 문장에서 **may**가 들어갈 알맞은 위치를 고르세요.

> You ① take ② a ③ shower ④ in this bathroom.

4 다음 중 밑줄 친 부분이 잘못된 문장을 고르세요.

① He can swim in the sea.
② We cannot stay at home.
③ Tony cans play the violin.
④ Can the bird see at night?

5 다음 빈칸에 알맞은 것을 고르세요.

> A: Can Paul dance well?
> B: Yes, he _____.

① can   ② can't
③ is   ④ does

[6-7] 다음 두 문장이 같은 뜻이 되도록 빈칸에 알맞은 말을 고르세요.

6
> Can I use this pencil?
> = _____ I use this pencil?

① Do   ② Am   ③ May   ④ Did

7
> Jim is able to write his name.
> = Jim _____ write his name.

① does   ② can   ③ can't   ④ be

[8-9] 다음 의문문에 알맞은 대답을 고르세요.

8
> Can Jenny read English books?

① Yes, she does.
② Yes, she can.
③ No, he can.
④ No, it can't.

9
> May I use your computer?

① Yes, it may.
② Yes, I can.
③ No, I may not.
④ No, you may not.

10 다음 밑줄 친 ①~④ 중, 잘못된 것을 고르세요.

> She isn't able to uses a computer.
>   ①   ②   ③   ④

정답 및 해설 p. 11

11 다음 우리말 뜻과 같도록 **may**를 사용하여 빈칸에 알맞은 말을 넣으세요.

> 제가 당신에게 질문을 하나 해도 될까요?

→ _____ _____ _____
you a question?

12 다음 중 밑줄 친 부분이 잘못된 문장을 고르세요.

① <u>May I see</u> your passport?
② <u>You may sleep</u> on my bed.
③ <u>Do may I take</u> my bag?
④ <u>You may not eat</u> in this room.

[13-14] 다음 빈칸에 알맞은 대답을 쓰세요.

13
> A: May I borrow your pen?
> B: Yes, _____ _____.

→ _____ _____

14
> A: Can the children go outside?
> B: No, _____ _____.

→ _____ _____

[15-16] 다음 문장의 틀린 곳 한 군데를 고쳐 전체 문장을 다시 쓰세요.

15
> The baby not may drink this juice.

→ _____

16
> Can Joan makes sandwiches?

→ _____

| 인천 ○○중 응용 |

17 밑줄 친 부분의 쓰임이 나머지와 <u>다른</u> 것을 고르세요.

① I <u>can</u> speak English.
② She <u>can</u> make dolls.
③ <u>Can</u> I use your pen?
④ <u>Can</u> he swim well?
⑤ They <u>can</u> play the guitar.

| 수원 ○○중 응용 |

18 다음의 밑줄 친 부분과 의미가 같은 것을 고르세요.

> You <u>can</u> use my camera.

① They <u>can</u> lift this bag.
② Mom, <u>can</u> I go out now?
③ <u>Can</u> you read this letter?
④ My aunt <u>can</u> sing well.
⑤ I <u>can</u> swim in the sea.

Word Review

다음은 **Chapter 6**에 사용된 주요 단어입니다.
소리 내어 읽으면서 써보세요.

단어	뜻	쓰기	단어	뜻	쓰기
1 ride	타다		14 lift	들어올리다	
2 stay	머무르다		15 ladder	사다리	
3 pass	건네주다		16 cellphone	휴대전화	
4 insect	곤충		17 take a shower	샤워하다	
5 throw	던지다		18 question	질문	
6 chopsticks	젓가락		19 enter	들어오다, 들어가다	
7 attention	주목, 집중		20 bring	가져오다	
8 next to	~ 옆에		21 restaurant	식당	
9 wait	기다리다		22 visitor	방문객	
10 ticket	표		23 take a walk	산책하다	
11 passport	여권		24 bathroom	욕실	
12 borrow	빌리다		25 pet	애완동물	
13 outside	밖에				

☆ **Word Review**에서 학습한 25개 단어는 워크북 54쪽에서 테스트해 볼 수 있습니다.

CHAPTER

7

조동사(2)

1. 조동사 must

조동사 **must**는 '~해야 한다'라는 '의무'의 의미를 나타냅니다.
must에 not을 붙이면 '~하면 안 된다'라는 '금지'의 의미를 나타냅니다.

must	~해야 한다(의무)	I must clean **the fish bowl.** 나는 그 어항을 청소해야 한다.
must not	~하면 안 된다(금지)	He must not touch **the book.** 그는 그 책을 만져서는 안 된다.

「**must** + 동사원형」은 「have to + 동사원형」으로 바꿔 쓸 수 있습니다. 이때, **have**는 주어에 맞게 씁니다.
· You **must swim** here. ➡ You have to swim here. 너는 여기에서 수영해야 한다.
· He **must finish** his homework. ➡ He has to finish his homework.
　그는 그의 숙제를 끝내야 한다.

have to의 부정형은 don't[doesn't] have to로 '~할 필요가 없다'의 의미를 나타냅니다. 이는 **must not**(~하면 안 된다)과 의미 차이가 있습니다.

정답 및 해설 p. 12

A 다음 우리말 뜻과 같도록 괄호 안에서 알맞은 말을 골라 ○하세요.

1. 나는 나의 숙제를 해야 한다.

　➡ I (**must** / has to) do my homework.

2. Chris는 규칙적으로 운동해야 한다.

　➡ Chris (**must** / musts) exercise regularly.

3. 우리는 식사 전에 손을 씻어야 한다.

　➡ We (**must** / has to) wash our hands before meals.

4. 너희는 수업 시간에 영어로 말해야 한다.

　➡ You (**have to** / has to) speak in English in class.

5. Jessica는 집에 일찍 가야 한다.

　➡ Jessica (have to / **has to**) go home early.

6. 우리는 모든 사람에게 공손해야 한다.

→ We (have to / has to) be polite to everyone.

7. Vicky는 내일 일찍 일어날 필요가 없다.

→ Vicky (must not / doesn't have to) get up early tomorrow.

8. 그는 오늘 그의 일을 끝내야 한다.

→ He (must / must not) finish his work today.

9. 우리는 거짓말을 해서는 안 된다.

→ We (must / must not) tell a lie.

10. 너는 늦게 잠자리에 들어서는 안 된다.

→ You (must not / don't have to) go to bed late.

B 다음 우리말 뜻과 같도록 빈칸에 알맞은 말을 쓰세요.

1. 우리는 물을 낭비해서는 안 된다.

→ We _____ _____ waste water.

2. 너희는 저 그림들을 만져서는 안 된다.

→ You _____ _____ touch those paintings.

3. Peter는 교복을 입을 필요가 없다.

→ Peter _____ _____ _____ wear a school uniform.

4. 너는 불을 꺼야 한다.

→ You _____ _____ turn off the light.

5. 우리는 수업 시간에 휴대전화를 사용해서는 안 된다.

→ We _____ _____ _____ cellphones in class.

Build Up

A 다음 괄호 안에 주어진 말을 사용하여 다음 문장을 완성하세요. (단, 필요할 경우 형태를 바꿀 것)

> • John ___has___ ___to___ ___buy___ apples. (buy, have to)
> John은 사과를 사야 한다.

1. The boy _____ _____ _____ his teeth. (brush, have to)

그 소년은 이를 닦아야 한다.

2. He _____ _____ _____ _____ _____ early. (get up, have to, not)

그는 일찍 일어날 필요가 없다.

3. Eddie _____ _____ _____ _____ his sister. (take care of, must)

Eddie는 그의 여동생을 돌봐야 한다.

4. Children _____ _____ _____ near cars. (play, must, not)

어린이들은 자동차 근처에서 놀아서는 안 된다.

5. You _____ _____ _____ _____ fast. (eat, have to, not)

너는 빨리 먹을 필요가 없다.

6. Andrew _____ _____ _____ money. (save, have to)

Andrew는 돈을 절약해야 한다.

7. They _____ _____ _____ _____ dinner today. (make, have to, not)

그들은 오늘 저녁 식사를 준비할 필요가 없다.

8. Lucy _____ _____ _____ _____ a taxi. (take, have to, not)

Lucy는 택시를 탈 필요가 없다.

9. We _____ _____ _____ late for school. (be, must, not)

우리는 학교에 늦어서는 안 된다.

10. He _____ _____ _____ _____ his hat. (take off, have to)

그는 그의 모자를 벗어야 한다.

B 다음 우리말 뜻과 같도록 must, have to 표현과 〈보기〉의 단어를 사용하여 문장을 완성하세요.

보기　　drive　stay　waste　get up　listen　open　use　read

1. 나는 일찍 일어나야 한다.

　→ I ＿＿＿＿＿ ＿＿＿＿＿ ＿＿＿＿＿ ＿＿＿＿ early.

2. 그는 부모님 말씀에 귀 기울여야 한다.

　→ He ＿＿＿＿＿ ＿＿＿＿＿ to his parents.

3. 우리는 시간을 낭비해서는 안 된다.

　→ We ＿＿＿＿＿ ＿＿＿＿＿ ＿＿＿＿＿ time.

4. 너는 그 상자를 열 필요가 없다.

　→ You ＿＿＿＿＿ ＿＿＿＿＿ ＿＿＿＿＿ ＿＿＿＿＿ the box.

5. 우리는 책을 많이 읽어야 한다.

　→ We ＿＿＿＿＿ ＿＿＿＿＿ ＿＿＿＿＿ a lot of books.

6. Tom은 숟가락을 사용할 필요가 없다.

　→ Tom ＿＿＿＿＿ ＿＿＿＿＿ ＿＿＿＿＿ ＿＿＿＿＿ a spoon.

7. 운전자들은 학교 근처에서는 빠르게 운전해서는 안 된다.

　→ Drivers ＿＿＿＿＿ ＿＿＿＿＿ ＿＿＿＿＿ fast near schools.

8. Lily는 집에 머물러야 한다.

　→ Lily ＿＿＿＿＿ ＿＿＿＿＿ ＿＿＿＿＿ at home.

2. 조동사 shall/should

조동사 shall은 '제안'을 할 때 사용합니다.
「Shall I + 동사원형 ~?」은 '제가 ~할까요?'의 의미를 나타내고, 「Shall we + 동사원형 ~?」은 '우리 ~할까요?'의 의미를 나타냅니다. 여기에 의문사를 붙여 좀 더 구체적인 제안을 할 수도 있습니다.

Shall I ~?	제가 ~할까요?	Shall I tell **you a story?** 내가 이야기 하나 해줄까? – **Yes, please.** 응. 해줘.
Shall we ~?	우리 ~ 할까요?	Shall we meet **on Friday?** 우리 금요일에 만날까? – **Yes, sounds good.** 응. 그거 좋지.
「의문사 + shall + 주어 + 동사원형 ~?」		• How shall I go **there?** 제가 그곳에 어떻게 갈까요? – **By train.** 기차를 타고. ○ 대답은 각 질문에 알맞게 하면 됩니다. • What shall we buy**?** 우리 무엇을 살까요? – **The red bag.** 저 빨간 가방이요.

조동사 should는 '충고'할 때 사용하며, '~하는 게 좋겠다[= ~해야 한다]'의 의미를 나타냅니다.
should의 부정형은 뒤에 not을 붙이며, 이는 '~하지 않는 게 좋겠다[= ~해서는 안된다]'의 의미가 됩니다.
should는 must(~해야 한다)보다는 조금 약한 뉘앙스를 전달합니다.

should	~하는 게 좋겠다 (= ~해야 한다)	• **You look sick. You** should see **a doctor.** 너는 아파 보인다. 너는 진찰을 받는 게 좋겠다. • **It is cold outside. You** should not go **outside.** 바깥 날씨가 춥다. 너는 밖에 나가지 않는 게 좋겠다. ○ Should not은 shouldn't로 줄여 쓸 수 있습니다.

정답 및 해설 p. 13

Quiz

A 다음 우리말 뜻과 같도록 괄호 안에서 알맞은 말을 골라 ○하세요.

1. 우리 여기서 춤출까요? → (Shall / Can / Should) we dance here?

2. 너는 장갑을 끼는 게 좋겠다. → You (shall / may / should) wear your gloves.

3. 제가 문을 닫을까요? → (Shall / Can / Should) I close the door?

4. 지금 잠자리에 드는 게 좋겠다. → You (shall / can / should) go to bed now.

5. 너는 불을 켜는 게 좋겠다. → You (shall / can / should) turn on the light.

B 다음 우리말 뜻과 같도록 〈보기〉의 단어와 **shall** 또는 **should**를 사용하여 빈칸에 알맞은 말을 쓰세요.

> 보기　　　　　come　eat　listen　go　play　watch　swim　take

1. 우리 음악을 같이 들을까요?

→ _____ we _____ to music together?

2. 너는 파티에 오지 않는 게 좋겠다.

→ You _____ _____ _____ to the party.

3. 제가 지금 당신 집으로 갈까요?

→ _____ I _____ to your house?

4. 우리는 오늘 축구를 하는 것이 좋겠다.

→ We _____ _____ soccer today.

5. 우리 어디에서 수영할까? (의문사를 추가할 것)

→ _____ _____ we _____ ?

6. 너는 이 케이크를 먹는 것이 좋겠다.

→ You _____ _____ this cake.

7. 우리 그 영화 언제 볼까? (의문사를 추가할 것)

→ _____ _____ we _____ the movie?

8. 우리 지금 그 버스 탈까?

→ _____ we _____ the bus now?

Build Up

A 다음 우리말 뜻과 같도록 주어진 말들을 배열하세요.

> • 너는 자전거를 타지 않는 것이 좋겠다. (ride / not / a / you / should / bike)
> → _You should not ride a bike._

1. 너는 너의 코트를 벗지 않는 것이 좋겠다. (take off / coat / your / should / you / not)
   → _____

2. 우리 내일 만날까? (we / meet / tomorrow / shall)
   → _____

3. 우리 언제 도서관에 갈까? (shall / library / we / to / when / go / the)
   → _____

4. 그들은 오늘 그녀를 방문하는 게 좋겠다. (visit / they / should / today / her)
   → _____

5. 우리 어디에서 야구할까? (we / shall / play / where / baseball)
   → _____

6. 그녀는 시험공부를 하는 게 좋겠다. (for / should / she / the / study / test)
   → _____

7. 나 오늘 뭐 입을까? (I / what / shall / wear)
   → _____

8. 너는 밖에 나가지 않는 것이 좋겠다. (should / go / outside / not / you)
   → _____

B 다음 우리말 뜻과 같도록 주어진 단어를 사용하여 문장을 완성하세요.

> • 너는 너의 방을 청소하는 게 좋겠다. (should, clean)
> → _____You_____ _____should_____ _____clean_____ your room.

1. 너는 여기서 놀지 않는 것이 좋겠다. (should, play)

→ _____ _____ _____ _____ here.

2. 그는 지금 서두르는 게 좋겠다. (should, hurry)

→ _____ _____ _____ now.

3. 우리 언제 저녁 식사할까요? (shall, have)

→ _____ _____ _____ _____ dinner?

4. 너는 물을 좀 마시는 게 좋겠다. (should, drink)

→ _____ _____ _____ some water.

5. 그는 그의 개를 데리고 오지 않는 게 좋겠다. (should, bring)

→ _____ _____ _____ _____ his dog.

6. 우리는 패스트푸드를 먹지 않는 게 좋겠다. (should, eat)

→ _____ _____ _____ _____ fast food.

7. 너는 꽃을 꺾지 않는 게 좋겠다. (should, pick)

→ _____ _____ _____ _____ flowers.

8. 우리 그 박물관에 어떻게 갈까요? (shall, go)

→ _____ _____ _____ _____ to the

museum?

[1-2] 다음 괄호 안에서 알맞은 것을 고르세요.

1 He (must / musts / have to) wear glasses.

2 You (must / has / have) to wash your hands.

3 다음 두 문장의 뜻이 같도록 빈칸에 알맞은 것을 고르세요.

> You must wear a tie.
> = You _____ wear a tie.

① can   ② are able to
③ has to   ④ have to

4 다음 빈칸에 알맞은 것을 고르세요.

> A: It is so cold today.
> B: You _____ stay at home.

① have   ② should
③ shouldn't   ④ must not

5 다음 빈칸에 알맞지 않은 것을 고르세요.

> Bill _____ take off his shoes.

① must   ② should not
③ have to   ④ can

6 다음 밑줄 친 ①~④ 중 잘못된 것을 고르세요.

> Joe doesn't have to goes there.
>   ①   ②   ③   ④

7 다음 중 짝지어진 대화가 잘못된 것을 고르세요.

① A: I have a cold.
  B: You should see a doctor.
② A: I have a headache.
  B: You should stay at home.
③ A: When shall we meet?
  B: That sounds good.
④ A: Shall I open the window?
  B: Yes, please.

[8-9] 다음 우리말 뜻과 같도록 주어진 단어를 사용하여 빈칸에 알맞은 말을 쓰세요.

8
> 우리는 돈을 낭비해서는 안 된다. (must)

→ We _____ _____ waste money.

9
> 너는 그곳에 갈 필요가 없다. (have)

→ You _____ _____ _____ go there.

[10-11] 다음 중 밑줄 친 부분이 잘못된 것을 고르세요.

10 ① We <u>must go</u> home now.
② She <u>has to study</u> math.
③ He <u>must gets up</u> at 6.
④ You <u>must not buy</u> a new book.

11 ① You <u>must not go</u> there.
    ② You <u>should not go</u> outside.
    ③ <u>Shall we meet</u> after dinner?
    ④ <u>He have to finish</u> his homework.

[12-14] 다음 밑줄 친 부분을 바르게 고쳐 전체 문장을 다시 쓰세요.

12 We <u>not should walk</u> to school.

    → _____

13 You <u>should not are</u> late for school.

    → _____

14 Lisa <u>have to brush</u> her teeth.

    → _____

[15-16] 다음 우리말 뜻과 같도록 주어진 말들을 바르게 배열하세요.

15 그는 오늘 집에 와야 한다.

    (today / he / to / come / home / has)

    → _____

16 너는 전등을 꺼야만 한다.

    (must / turn off / you / the / light)

    → _____

| 수원 ○○중 응용 |

17 다음 우리말 뜻과 같도록 빈칸에 알맞은 것을 고르세요.

    너는 성냥을 가지고 놀아서는 안 된다.
    → You _____ play with matches.

    ① are not   ② do not
    ③ shall not   ④ should not
    ⑤ don't have to

| 서울 ○○중 응용 |

18 다음 우리말 뜻과 같도록 빈칸에 들어갈 말을 써 넣으세요.

    • 우리 저녁으로 피자 먹을까?
    → ____ⓐ____ we eat pizza for dinner?
    • 너는 식사 후에 이를 닦을 필요가 없다.
    → You ____ⓑ____ brush your teeth after meals.

    ⓐ _____   ⓑ _____

Word Review

다음은 **Chapter 7**에 사용된 주요 단어입니다.
소리 내어 읽으면서 써보세요.

단어	뜻	쓰기	단어	뜻	쓰기
1 fish bowl	어항		14 finish	끝내다	
2 regularly	규칙적으로		15 wash	씻다	
3 polite	공손한		16 tie	넥타이	
4 lie	거짓말		17 stay	머무르다	
5 waste	낭비하다		18 have a cold	감기에 걸리다	
6 turn off	(전등을) 끄다		19 see a doctor	병원에 가다	
7 turn on	(전등을) 켜다		20 headache	두통	
8 hurry	서두르다		21 listen to	(귀기울여) ~을 듣다	
9 library	도서관		22 go to bed	잠자리에 들다	
10 painting	그림		23 brush	칫솔질하다	
11 uniform	제복, 교복		24 match	성냥	
12 take off	벗다		25 tomorrow	내일	
13 visit	방문하다				

☆ **Word Review**에서 학습한 25개 단어는 워크북 63쪽에서 테스트해 볼 수 있습니다.

CHAPTER 8

명령문, 청유문, 감탄문

1. 명령문

명령문은 상대방에게 '~ 하라' 또는 '~하지 마라'라고 명령하거나 지시할 때 사용합니다.
ⓞ 명령은 내용상 You를 대상으로 하므로 굳이 주어를 표기할 필요가 없습니다.

You sit down. (평서문) → **Sit down.** (명령문)

'~하라'라고 말할 때는 주어를 쓰지 않고, 동사원형을 문장의 맨 앞에 써서 나타냅니다.
'~하지 마라'라고 말할 때 역시 주어를 쓰지 않으며, 「Don't + 동사원형」으로 씁니다.

긍정	동사원형 (~ 하라)	• Be quite. 조용히 해. ⓞ am, are, is의 원형은 be입니다. • Help me. 나를 도와줘.
부정	Don't + 동사원형 (~ 하지 마라)	• Don't be late. 늦지 마라. • Don't close the door. 문을 닫지 마라.

ⓞ please를 명령문의 앞이나 뒤에 붙이면 부탁하는 표현이 되며, 명령문 뒤에 쓸 때는 please 앞에 콤마(,)를 씁니다.

Quiz

정답 및 해설 p. 13

다음 괄호 안에서 알맞은 말을 골라 ○하세요.

1. (Be / Are) polite to other people. 다른 사람들에게 공손해라.

2. (Listen / To listen) to the teacher carefully. 선생님 말씀을 주의깊게 들어라.

3. (Open / Opens) the window, please. 창문을 열어 주세요.

4. Please (not / don't) touch these paintings. 이 그림들을 만지지 마세요.

5. Don't (watch / watches) TV today. 오늘 TV 보지 마라.

6. Don't (are / be) afraid. 두려워하지 마라.

7. Don't (sit / be sit) next to the man. 그 남자 옆에 앉지 마라.

2. 청유문

청유문은 상대방에게 '하자' 또는 '~하지 말자'라고 제안하거나 권유할 때 사용합니다.

- '~하자'고 말할 때는 「Let's + 동사원형」으로 나타냅니다. ○ Let's는 Let us의 줄임말입니다.
- '~하지 말자'라고 말할 때는 「Let's not + 동사원형」으로 나타냅니다.

긍정	Let's + 동사원형 (~ 하자)	• Let's be nice. 상냥하게 굴자. • Let's take a walk. 산책하자.
부정	Let's not + 동사원형 (~ 하지 말자)	• Let's not be late for school. 학교에 지각하지 말자. • Let's not take a bus. 버스를 타지 말자.

청유문에 대한 긍정의 응답으로는 '그래, 그러자.'라는 의미로 Yes, let's., Sure., Okay. 등으로 말할 수 있고, 부정의 응답으로는 '미안하지만, 그럴 수 없어.'라는 의미로 Sorry, I can't. 정도로 말할 수 있습니다.

Quiz

정답 및 해설 p. 14

다음 괄호 안에서 알맞은 말을 골라 ○하세요.

1. (Let / Let's) take a rest. 좀 쉬자.

2. Let's (has / have) some cake. 케이크를 좀 먹자.

3. Let's (be / are) honest. 정직하자.

4. (Let's play / Let's plays) baseball after school. 방과 후에 야구하자.

5. (Not let's / Let's not) run in the classroom. 교실에서 뛰지 말자.

6. Let's (not go / go not) out today. 오늘 외출하지 말자.

7. Let's (not take / not takes) pictures. 사진을 찍지 말자.

Build Up

A 다음 우리말 뜻과 같도록 빈칸에 알맞은 말을 쓰세요.

- 오늘 저녁에 산책하자. → ___Let's___ go for a walk this evening.

1. 큰 소리로 이야기하지 마세요. → Please _____ talk loudly.

2. 조용히 해! 아기가 자고 있어. → _____ quite! The baby is sleeping.

3. 호수 근처에서 놀지 마라. → _____ play near the lake.

4. 오늘 나가서 먹지 말자. → Let's _____ eat out today.

5. 이 종이에 너의 이름을 써라. → _____ your name on this paper.

6. 여기에서 머무르자. → _____ stay here.

7. 여기에서 수영하지 말자. → _____ _____ swim here.

8. Steve에 대해 걱정하지 마. → _____ worry about Steve.

9. 그 서점에 가라. → _____ to the bookstore.

10. 밤에 피아노를 치지 마라. → _____ play the piano at night.

정답 및 해설 p. 14

B 다음 문장을 반대의 뜻이 되도록 바꿔 쓰세요.

> • **Listen to loud music.**
> 시끄러운 음악을 들어라.　→　Don't listen to loud music.

1. **Let's have lunch together.**
   점심 식사 같이 하자.　→　_____

2. **Enter the building now.**
   지금 그 건물에 들어가시오.　→　_____

3. **Let's not walk fast.**
   빨리 걷지 말자.　→　_____

4. **Clap your hands.**
   손뼉을 쳐라.　→　_____

5. **Let's play badminton.**
   배드민턴 치자.　→　_____

6. **Please don't call me.**
   저에게 전화하지 마세요.　→　_____

7. **Let's go on a picnic.**
   소풍가자.　→　_____

8. **Don't throw the ball.**
   그 공을 던지지 마라.　→　_____

9. **Let's not have sweets.**
   단것을 먹지 말자.　→　_____

10. **Don't drink cold water.**
    찬물을 마시지 마라.　→　_____

3. 감탄문 (1)

감탄문은 '정말 ~하구나'라는 뜻의 문장으로, 기쁨, 슬픔, 놀람, 희망 등을 나타낼 때 씁니다.
what이나 how를 사용해서 표현할 수 있습니다.

◎ what으로 시작하는 감탄문

what으로 시작하는 감탄문은 명사가 포함된 어구를 강조합니다.
'매우 ~한 …이구나!'라는 뜻으로, 감탄을 유발하는 것에 '명사를 포함한 어구'가 있을 때 사용합니다.

주어 + 동사

She is a very kind girl. (평서문) ➡ What a kind girl she is! (감탄문)
↑「what + a + 형용사 + 명사 + 주어 + 동사」
그녀는 매우 친절한 소녀이다. → 그녀는 매우 친절한 소녀이구나!

> **What + a/an + 형용사 + 명사 + 주어 + 동사!**
> (매우 ~한 …이구나!)

- What a pretty girl she is!
  그녀는 매우 예쁜 소녀이구나!
- What an interesting book it is!
  그것은 정말 흥미로운 책이구나!
- What cute birds they are!
  그것들은 매우 귀여운 새구나!

- a/an 뒤에 오는 형용사의 첫소리가 모음일 경우에는 an을 쓰고, 나머지는 a를 씁니다.
- 명사 자리에 셀 수 없는 명사나 셀 수 있는 명사의 복수형이 쓰였을 경우, a/an을 쓰지 않습니다.

Quiz

정답 및 해설 p. 14

다음 주어진 말을 사용하여 what으로 시작하는 감탄문을 완성하세요.

1. _____ _____ _____ girl she is!   (lovely)
   그녀는 정말 사랑스러운 소녀이구나!

2. _____ _____ _____ dog it is!   (clever)
   그것은 매우 영리한 개이구나!

3. _____ _____ _____ story it is!   (amazing)
   그것은 매우 놀라운 이야기이구나!

4. _____ _____ _____ day it is!   (cold)
   매우 추운 날이구나!

5. _____ _____ _____ building it is!   (tall)
   그것은 매우 높은 건물이구나!

4. 감탄문 (2)

◎ how로 시작하는 감탄문
how로 시작하는 감탄문은 감탄을 유발하는 것에 명사 없이 '형용사나 부사'만 있을 때 사용합니다.

주어 + 동사

The train runs **very fast.** (평서문) ➡ **How** fast **the train runs!** (감탄문)

○ 「how + 형용사/부사 + 주어 + 동사」

그 기차는 매우 빨리 달린다. → 그 기차는 매우 빨리 달리는구나!

How + 형용사/부사 **+ 주어 + 동사!** **(~이 매우 …하구나!)**

• How tall **he is!** 그는 매우 키가 크구나!
• How well **she sings!** 그녀는 노래를 매우 잘하는구나!
• How beautiful **she is!** 그녀는 매우 아름답구나!

○ 감탄문 끝에 오는 주어와 동사는 내용상 파악이 가능하면 생략 가능합니다.
ex) What a beautiful girl (she is)! / How tall (he is)!

정답 및 해설 p. 14

다음 괄호 안에서 알맞은 말을 골라 ○하세요.

1. (What / How) a pretty girl she is! 그녀는 매우 예쁜 소녀구나!

2. (What / How) nice he is! 그는 매우 멋지구나!

3. (What / How) an interesting game it is! 그것은 매우 흥미로운 경기이구나!

4. (What / How) a cute baby it is! 매우 귀여운 아기구나!

5. (What / How) a beautiful flower it is! 그것은 매우 아름다운 꽃이구나!

6. (What / How) funny the story is! 그 이야기는 매우 재미있구나!

7. (What / How) big the apple is! 그 사과는 매우 크구나!

Build Up

A 다음 문장을 감탄문으로 바꿔 쓰세요.

> • **It is a very big ball.**
> 그것은 매우 큰 공이다. → _____What a big ball_____ it is!

1. **It is a very long bridge.**
그것은 매우 긴 다리다. → _____ it is!

2. **It is a very small bird.**
그것은 아주 작은 새다. → _____ it is!

3. **She is a very polite girl.**
그녀는 아주 예의바른 소녀이다. → _____ she is!

4. **They are very sweet grapes.**
그것들은 매우 달콤한 포도이다. → _____ they are!

5. **They are very nice photos.**
그것들은 아주 멋진 사진이다. → _____ they are!

6. **The sky is very clear.**
하늘이 매우 맑다. → _____ the sky is!

7. **That tower is very high.**
저 탑은 매우 높다. → _____ the tower is!

8. **The party is very exciting.**
그 파티는 매우 재미있다. → _____ the party is!

9. **The palace is very old.**
그 궁전은 매우 오래 되었다. → _____ the palace is!

10. **The shoes are very dirty.**
그 신발은 매우 더럽다. → _____ the shoes are!

B 다음 문장의 밑줄 친 부분을 바르게 고쳐 빈칸에 쓰세요.

> • <u>How</u> a fresh orange it is!
> 그것은 매우 신선한 오렌지이구나!
>
> → _____What_____

1. **<u>What</u> heavy the table is!**
   그 탁자는 매우 무겁구나!

   → _____

2. **How wonderful <u>are they</u>!**
   그것들은 매우 멋지구나!

   → _____

3. **<u>What</u> fast he walks!**
   그는 매우 빨리 걷는구나!

   → _____

4. **What <u>a easy</u> test it is!**
   그것은 매우 쉬운 시험이구나!

   → _____

5. **<u>How</u> a good singer she is!**
   그녀는 매우 훌륭한 가수이구나!

   → _____

6. **What a dangerous animal <u>is it</u>!**
   그것은 매우 위험한 동물이구나!

   → _____

7. **<u>How</u> big eyes you have!**
   너는 매우 큰 눈을 가졌구나!

   → _____

8. **What a tall <u>girls</u> she is!**
   그녀는 매우 키가 큰 소녀이구나!

   → _____

9. **What a <u>cat fat</u> it is!**
   그것은 매우 뚱뚱한 고양이이구나!

   → _____

10. **<u>How</u> a beautiful rainbow it is!**
    그것은 매우 아름다운 무지개구나!

    → _____

Review Test

[1-2] 다음 빈칸에 알맞은 것을 고르세요.

1

_____ the window, please.

① Open   ② Not open
③ Opens   ④ Be open

2

Let's not _____ skiing.

① goes   ② going
③ go   ④ went

3 다음 중 잘못된 문장을 고르세요.

① Don't be sad.
② Let's dance together.
③ Let's don't eat pizza.
④ Do your homework first.

4 다음 빈칸에 알맞은 말이 순서대로 짝지어진 것을 고르세요.

A: _____ a nice day it is!
B: _____ go on a picnic.

① How − Do   ② What − Let's
③ How − Let's   ④ What − Be

[5-6] 다음 빈칸에 공통으로 알맞은 말을 쓰세요.

5

• _____ is that?
• _____ a kind woman she is!

→ _____

6

• _____ do you go there?
• _____ fast the train runs!

→ _____

[7-8] 다음 빈칸에 알맞지 않은 것을 고르세요.

7

_____ cold water.

① Drink   ② Don't drink
③ Let drink   ④ Let's not drink

8

What a(n) _____ car it is!

① expensive   ② great
③ well   ④ nice

9 다음 문장을 부정문으로 바꿔 쓸 때, 괄호 안에서 알맞은 말을 고르세요.

Please turn off the light.

→ Please (don't turn / not turn) off the light.

10 다음 빈칸에 들어갈 말이 나머지 셋과 다른 하나를 고르세요.

① _____ sweet they are!
② _____ big houses they are!
③ _____ a sweet candy it is!
④ _____ an exciting movie it is!

11 다음 우리말을 영어로 바르게 옮긴 것을 고르세요.

> 오늘 밤에 산책하지 말자.

① Don't take a walk tonight.
② Not let take a walk tonight.
③ Let's not take a walk tonight.
④ Let's don't take a walk tonight.

12 다음 문장에서 잘못된 한 군데를 고쳐 전체 문장을 다시 쓰세요.

> What beautiful the flower is!

→ _____

[13-14] 다음 문장을 괄호 안의 지시대로 바꿔 쓸 때, 빈칸에 알맞은 말을 쓰세요.

13 It is a funny book. (감탄문)

→ _____ _____ _____

book it is!

14 Let's stay at home. (부정문)

→ _____ _____ _____

at home.

[15-16] 다음 문장을 괄호 안의 조건에 맞게 감탄문으로 바꾸세요.

15 They are very great movies.
(What을 사용할 것)

→ _____

16 The picture is very old.
(How를 사용할 것)

→ _____

중학교 시험에는 이렇게!

| 인천 ○○중 응용 |

17 다음 문장에서 **not**이 들어가기에 알맞은 곳을 고르세요.

> ① Let's ② play ③ word games
> ④ in the ⑤ classroom.

| 서울 ○○중 응용 |

18 빈칸에 들어갈 말로 알맞은 것을 고르세요.

> _____ nice shoes!

① How   ② What   ③ How a
④ What a   ⑤ Why

Word Review

다음은 **Chapter 8**에 사용된 주요 단어입니다.
소리 내어 읽으면서 써보세요.

단어	뜻	쓰기	단어	뜻	쓰기
1 carefully	주의깊게, 신중하게		14 wonderful	아주 멋진	
2 picture	사진, 그림		15 again	한번 더, 다시	
3 go for a walk	산책하다		16 funny	재미있는, 우스운	
4 loudly	크게		17 exciting	흥미로운	
5 eat out	외식하다		18 heavy	무거운	
6 bookstore	서점		19 fresh	신선한	
7 stay	머무르다		20 dangerous	위험한	
8 clap	박수치다		21 afraid	두려운	
9 throw	던지다		22 take a rest	쉬다	
10 sweet	단 것, 사탕 및 초콜릿류		23 honest	정직한	
11 grape	포도		24 worry	걱정하다	
12 go on a picnic	소풍가다		25 clear	맑은, 분명한	
13 expensive	비싼				

☆ **Word Review**에서 학습한 25개 단어는 워크북 72쪽에서 테스트해 볼 수 있습니다.

Finals

Finals

[1-2] 다음 중 동사원형과 과거형이 잘못 짝지어진 것을 고르세요.

1 ① dry – dried ② hug – hugged
③ eat – eated ④ hurt – hurt

2 ① come – came ② cut – cutted
③ read – read ④ plan – planned

[3-4] 다음 빈칸에 가장 알맞은 것을 고르세요.

3
> Sam and Kate _____ study yesterday.

① weren't ② don't
③ doesn't ④ didn't

4
> She _____ the book last year.

① write ② writes
③ wrote ④ writed

[5-7] 다음 괄호 안의 지시대로 문장을 바꿔 쓰세요.

5
> Peter drank a glass of water.
> (의문문으로)

→ _____

6
> The baby dropped his toy car.
> (부정문으로)

→ _____

7
> They bought the pen at the mall.
> (the pen을 묻는 의문문으로)

→ _____ at the mall?

[8-9] 다음 중 밑줄 친 부분이 잘못된 문장을 고르세요.

8 ① <u>Did she buy</u> some juice?
② <u>He didn't like</u> Italian food.
③ <u>Did he went</u> to the park yesterday?
④ <u>We bought</u> some milk at the store.

9 ① They <u>can read</u> English.
② She <u>can cook</u> Korean food.
③ He <u>can find not</u> his puppy.
④ <u>Can you touch</u> dogs?

[10-12] 다음 주어진 문장과 같은 내용의 문장을 완성하세요. (각 빈칸에 한 단어씩)

10
> Arthur can dive well.

→ Arthur _____ _____
_____ dive well.

11 They are not able to move the desk.

→ They _____ move the desk.

12 Alice has to clean her room today.

→ Alice _____ clean her room today.

[13-14] 다음 문장을 괄호 안의 말을 사용하여 다시 쓰세요. (단, 필요할 경우 변형할 것)

13 Jamie can catch a ball. (be able to)

→ _____

14 She must make his birthday cake. (have to)

→ _____

[15-16] 다음 우리말 뜻과 같도록 괄호 안의 말들을 바르게 배열하세요.

15 너는 영어로 수를 셀 수 있니?
(you / numbers / can / count)

→ _____ in English?

16 너는 오늘 집에 머무르지 않는 게 좋겠다.
(not / you / stay / should)

→ _____ at home today.

17 다음 중 밑줄 친 부분이 잘못된 문장을 고르세요.

① Peter must wear a school uniform.
② You have to turn off the light.
③ We don't must use cellphones.
④ Julie has to meet Sam.

[18-19] 다음 주어진 지시대로 문장을 바꿔 쓰세요.

18 He swam in the river. (의문문으로)

→ _____

19 Paul must send an email.
(부정문으로)

→ _____

20 다음 빈칸에 알맞은 것을 고르세요.

A: I have a cold.
B: You _____ take this medicine.

① has to　　② don't have to
③ should　　④ must not

21 다음 중 짝지어진 대화가 잘못된 것을 고르세요.

① A: Can I have some tea?

B: Yes, you can.

② A: What did he do at the zoo?

B: Yes, he saw pandas.

③ A: Who played with the kids?

B: Helen played with them.

④ A: My teeth hurt.

B: You should brush your teeth.

22 다음 괄호 안에서 알맞은 것을 고르세요.

(How / What) nice photos they are!

[23-24] 다음 밑줄 친 부분이 잘못된 문장을 고르세요.

23 ① Why did you hit me?

② He didn't goes to the gym.

③ Did they visit their parents?

④ We sent flowers to her.

24 ① Be kind to everyone.

② Let's not drink Coke.

③ Don't eat in the library.

④ Let's doing our homework.

25 다음 괄호 안의 말을 바르게 배열하세요.

A: It's cold today.

B: (not / go / today / let's / out)

→ _____

[26-28] 다음 주어진 지시대로 문장을 바꿔 쓰세요.

26
His pants are very nice.
(How로 시작하는 감탄문으로)

→ _____

27
It is a very boring story.
(What으로 시작하는 감탄문으로)

→ _____

28
You run in the classroom.
(부정 명령문으로)

→ _____

[29-30] 다음 문장에서 밑줄 친 부분을 바르게 고쳐 전체 문장을 다시 쓰세요.

29
Susan can't able to dry her hair.

→ _____

30
How great movie it is!

→ _____

Overall Test

Overall Test 1회

1 다음 괄호 안에서 알맞은 것을 고르세요.

(Whose / How) house is that?

2 A: (What / How) is your new house?
B: It is very large.

[3-4] 다음 대화의 빈칸에 들어갈 알맞은 의문사 또는 의문사를 포함한 표현을 쓰세요.

3
A: _____ do you look so tired?
B: Because I didn't sleep well.

→ _____

4
A: _____ cars are there on the street?
B: There are ten.

→ _____

5
A: _____ does Jenny have breakfast?
B: She has breakfast every day.

→ _____

6 다음 빈칸에 들어갈 말을 쓰세요.

• There _____ⓐ_____ a coin on the chair.
• There _____ⓑ_____ many cups here.

ⓐ _____ ⓑ _____

7 다음 중 밑줄 친 부분이 <u>잘못된</u> 문장을 고르세요.

① <u>There isn't</u> a mirror in the room.
② <u>There aren't</u> many players in the playground.
③ <u>Is there</u> a spider on the web?
④ <u>Is there</u> any socks in the drawer?

8 다음 빈칸에 들어갈 말로 알맞은 것을 고르세요.

Louis _____ a good soccer player last year.

① isn't   ② aren't
③ wasn't   ④ weren't

9 다음 의문문에 알맞은 대답을 고르세요.

A: When was the English test?
B: _____

① It was easy.
② It was last Tuesday.
③ Because he was very sick.
④ It was in the park.

10 다음 괄호 안에서 알맞은 말을 고르세요.

> Why (was / were / did) Kate's friends so angry yesterday?

11 다음 중 동사의 과거형이 <u>잘못</u> 연결된 것을 고르세요.

① carry – carried ② stop – stopped

③ write – writed ④ read – read

[12-13] 다음 주어진 지시대로 문장을 바꿔 쓰세요.

12

> Mr. James and his wife sold flowers. (의문문으로)

→ _____

13

> The students went to the museum. (부정문으로)

→ _____

14 다음 중 밑줄 친 부분이 <u>잘못된</u> 문장을 고르세요.

① Ants <u>can climb</u> up the tree.

② Brad <u>can help</u> his classmates.

③ Tom <u>cannot goes</u> to school.

④ <u>Can Roy</u> drink coffee?

15 다음 괄호 안에 주어진 말을 사용하여 문장을 다시 쓰세요.

> The student helps his classmates.
> (be able to)

→ _____

16 다음 중 밑줄 친 부분의 쓰임이 <u>다른</u> 것을 고르세요.

① <u>Can</u> I come in?

② <u>Can</u> I borrow your book?

③ <u>Can</u> I use your computer?

④ <u>Can</u> Eric speak Korean well?

17 다음 밑줄 친 부분과 바꿔 쓸 수 있는 것을 고르세요.

> <u>May</u> I speak to Mr. Smith?

① Can ② Do

③ Shall ④ Should

18 다음 중 빈칸에 들어갈 말이 나머지 셋과 <u>다른</u> 것을 고르세요.

① _____ a boring story it is!

② _____ clear the sky is!

③ _____ well he dances!

④ _____ dirty the shoes are!

19 다음 중 밑줄 친 부분이 <u>잘못된</u> 문장을 고르세요.

① <u>Don't listen</u> to the music.

② <u>Let's skate not</u> in the park.

③ <u>Let's buy</u> the flowers.

④ <u>Throw</u> the ball.

20 다음 주어진 지시대로 문장을 바꿔 쓰세요.

> It has very strong teeth.
> (What으로 시작하는 감탄문으로)

→ _____

Overall Test 1회

각 문항이 맞았는지 틀렸는지 표시한 후, 해당 문제가 어느 Chapter에서 출제되었는지 확인해 보세요.

문항	O / X	출제 연계 chapter	문항	O / X	출제 연계 chapter
1		2 의문사(2)	11		5 일반동사의 과거
2		1 의문사(1)	12		5 일반동사의 과거
3		1 의문사(1)	13		5 일반동사의 과거
4		2 의문사(2)	14		6 조동사(1)
5		2 의문사(2)	15		6 조동사(1)
6		3 There is[are] ~	16		6 조동사(1)
7		3 There is[are] ~	17		6 조동사(1)
8		4 be동사의 과거	18		8 명령문, 청유문, 감탄문
9		4 be동사의 과거	19		8 명령문, 청유문, 감탄문
10		4 be동사의 과거 / 5 일반동사의 과거	20		8 명령문, 청유문, 감탄문

DAY 28

Overall Test 2회

1 다음 괄호 안에서 알맞은 말을 고르세요.

A: Who does Sally like?

B: She (is my cousin / likes Henry).

[2-3] 다음 대화의 빈칸에 들어갈 알맞은 의문사를 쓰세요.

2
A: _____ does he exercise?
B: He exercises in the morning.

→ _____

3
A: _____ do they like Roy?
B: Because he is kind.

→ _____

4 다음 밑줄 친 부분의 쓰임이 나머지 셋과 다른 것을 고르세요.

① <u>What</u> grade are you in?

② <u>What</u> does your mom cook?

③ <u>What</u> time do you go to bed?

④ <u>What</u> color is the car?

5 다음 괄호 안에서 알맞은 말을 고르세요.

A: (How many / How much) money do you need?

B: We need twenty dollars.

6 다음 문장의 밑줄 친 부분에서 잘못된 한 군데를 찾아 바르게 고치세요.

<u>There are much water</u> on the table.

_____ ➡ _____

7 다음 빈칸에 들어갈 말로 알맞지 <u>않은</u> 것을 고르세요.

There are _____ on the street.

① many cars   ② five girls

③ many sheep   ④ some snow

8 다음 빈칸에 들어갈 be동사의 형태가 나머지 셋과 <u>다른</u> 것을 고르세요.

① I _____ busy yesterday.

② Her hair _____ black last month.

③ We _____ not in Peru last year.

④ The balloon _____ big yesterday.

[9-10] 다음 주어진 문장을 과거 시제로 바꿔 쓰세요.

9
Matt doesn't buy the book.

→ _____

10
Linda drops her ring on the floor.

→ _____

11 다음 주어진 문장을 부정문으로 바꿔 쓰세요.

> Rachel gave a book to me.

→ _____

12 다음 대화에 맞게 주어진 동사를 알맞은 형태로 쓰세요.

> A: What did you do yesterday?
> B: I _____ some bread at the bakery.

→ _____ (buy)

13 다음 괄호 안에서 알맞은 말을 고르세요.

A: (What / Who) played with the children?

B: Harry played with them.

14 다음 괄호 안에 주어진 말을 사용하여 문장을 다시 쓰세요.

> Anna cannot ride a roller coaster.
> (be able to)

→ _____

15 다음 두 문장의 뜻이 같도록 빈칸에 알맞은 말을 쓰세요.

> The boy has to keep a diary.
> = The boy _____ keep a diary.

→ _____

16 다음 중 밑줄 친 부분이 잘못된 문장을 고르세요.

① <u>Let's play</u> basketball today.
② <u>Don't open</u> that box.
③ <u>Be polite</u> to them.
④ <u>Not let's go</u> out today.

17 다음 중 밑줄 친 can의 의미가 나머지 셋과 다른 것을 고르세요.

① <u>Can</u> I use your eraser?
② <u>Can</u> you play the piano?
③ <u>Can</u> I read this book?
④ <u>Can</u> I have some tea?

[18-19] 다음 주어진 지시대로 문장을 바꿔 쓰세요.

18
> You pick the flowers.
> (부정 명령문으로)

→ _____

19
> We exercise regularly.
> (청유문으로)

→ _____

20 다음 문장을 감탄문으로 바꿀 때, 빈칸에 알맞은 말을 쓰세요.

> You have a very cute puppy.

→ _____ you have!

Overall Test 2회

각 문항이 맞았는지 틀렸는지 표시한 후, 해당 문제가 어느 Chapter에서 출제되었는지 확인해 보세요.

문항	O / X	출제 연계 chapter	문항	O / X	출제 연계 chapter
1		1 의문사(1)	11		5 일반동사의 과거
2		1 의문사(1)	12		5 일반동사의 과거
3		1 의문사(1)	13		5 일반동사의 과거
4		1 의문사(1) / 2 의문사(2)	14		6 조동사(1)
5		2 의문사(2)	15		7 조동사(2)
6		3 There is[are] ~	16		8 명령문, 청유문, 감탄문
7		3 There is[are] ~	17		6 조동사(1)
8		4 be동사의 과거	18		8 명령문, 청유문, 감탄문
9		5 일반동사의 과거	19		8 명령문, 청유문, 감탄문
10		5 일반동사의 과거	20		8 명령문, 청유문, 감탄문

Overall Test 3회

[1-2] 다음 괄호 안에서 알맞은 말을 고르세요.

1 There (is / are / does) a fly in my soup.

2 There is (a basketball / two sheep) on the grass.

[3-4] 동사의 과거형이 옳지 <u>않은</u> 것을 고르세요.

3 ① have – had   ② want – wanted
   ③ eat – ate   ④ stop – stoped

4 ① play – played   ② study – studied
   ③ buy – buyed   ④ try – tried

5 다음 빈칸에 공통으로 들어갈 말로 알맞은 것을 고르세요.

> • _____ is your bag?
> • _____ size do you wear?

   ① When   ② Who
   ③ How   ④ What

6 다음 중 밑줄 친 부분이 <u>잘못된</u> 문장을 고르세요.

   ① John <u>made</u> the chair.
   ② He <u>played</u> the violin.
   ③ The bus <u>stopped</u>.
   ④ The boy <u>cryed</u> in his room.

[7-8] 다음 대답에 알맞은 의문문을 고르세요.

7
> I have five books.

   ① Who gives you the five books?
   ② How many books do you have?
   ③ Where do you buy the five books?
   ④ Why do you have the five books?

8
> I saw Yura and Jenny.

   ① Who saw you?
   ② Who did you see?
   ③ Why did you see them?
   ④ When did you see them?

9 다음 빈칸에 들어갈 알맞은 의문사를 쓰세요.

> A: _____ do you wear a coat?
> B: Because it's windy and cold here.

   → _____

[10-11] 다음 대답에 알맞은 의문문이 되도록 주어진 말들을 바르게 배열하세요.

10
> A: (does / how / he / go swimming / often)
> B: He goes swimming every day.

   → _____

11

A: (that / where / you / buy / bag / did)

B: I bought it at the mall.

→ _____

12 다음 중 잘못된 문장을 고르세요.

① Be quite.　　② Speaks loudly.

③ Don't worry.　　④ Close the door.

13 빈칸에 들어갈 말이 바르게 짝지어진 것을 고르세요.

- _____ a cute dog you have!
- _____ smart he is!

① How – How　　② How – What

③ What – How　　④ What – What a

14 주어진 문장과 뜻이 같은 것을 고르세요.

The bird sings very beautifully.

① How beautiful the bird is!

② How beautifully the bird sings!

③ What a beautiful song it is!

④ What a beautiful bird it is!

15 다음 두 문장이 같은 뜻이 되도록 괄호 안에서 알맞은 것을 고르세요.

Let's play soccer.
= (Shall / Should) we play soccer?

16 다음 중 잘못된 문장을 고르세요.

① How tall is Tom!

② What a big house!

③ How fast the dog runs!

④ What good children!

17 우리말을 영어로 바르게 옮긴 것을 고르세요.

① 그는 어제 책을 읽었다.

→ He read a book yesterday.

② 그는 과학을 가르친다.

→ He taught science.

③ 너는 어젯밤 별을 보았니?

→ Did you saw stars last night?

④ 어제 날씨는 어땠니?

→ How is the weather yesterday?

[18-20] 다음 주어진 지시대로 문장을 바꿔 쓰세요.

18

I meet Susan on the street today. (today를 yesterday로)

→ _____

19

You must watch this movie. (부정문으로)

→ _____

20

You can buy some milk at that store. (의문문으로)

→ _____

Overall Test 3회

각 문항이 맞았는지 틀렸는지 표시한 후, 해당 문제가 어느 Chapter에서 출제되었는지 확인해 보세요.

문항	O / X	출제 연계 chapter	문항	O / X	출제 연계 chapter
1		3 There is[are] ~	11		5 일반동사의 과거
2		3 There is[are] ~	12		8 명령문, 청유문, 감탄문
3		5 일반동사의 과거	13		8 명령문, 청유문, 감탄문
4		5 일반동사의 과거	14		8 명령문, 청유문, 감탄문
5		1 의문사(1) / 2 의문사(2)	15		8 명령문, 청유문, 감탄문
6		5 일반동사의 과거	16		8 명령문, 청유문, 감탄문
7		1 의문사(1) / 2 의문사(2)	17		4 be동사의 과거 / 5 일반동사의 과거
8		5 일반동사의 과거	18		5 일반동사의 과거
9		1 의문사(1)	19		7 조동사(2)
10		2 의문사(2)	20		6 조동사(1)

MEMO

MEMO

초등영문법

문장의 원리

Level

3

Workbook

차례

의문사가 사용된 의문문 – be동사 (1), (2)

정답 및 해설 p. 20

Step 1 다음 우리말 뜻과 같도록 빈칸에 알맞은 말을 쓰세요.

1 그 잘생긴 남자는 누구니? ➡ _____ _____ the handsome man?

2 나의 양말은 어디에 있니? ➡ _____ _____ my socks?

3 Tim은 왜 행복하니? ➡ _____ _____ Tim happy?

4 너의 차는 무엇이니? ➡ _____ _____ your car?

5 너의 부모님은 어떠시니? ➡ _____ _____ your parents?

6 저 어린이들은 누구니? ➡ _____ _____ those children?

7 너의 생일은 언제니? ➡ _____ _____ your birthday?

Step 2 다음 대화의 밑줄 친 부분을 바르게 고쳐 빈칸에 쓰세요.

1 A: <u>How</u> is that girl?
B: She is my sister. ➡ _____

2 A: <u>Why</u> are you today?
B: I am good. ➡ _____

3 A: <u>How</u> is Betty sad?
B: Because she misses her friends. ➡ _____

4 A: <u>What</u> are those photos?

B: They are wonderful.

➡ _____

5 A: <u>When</u> are his sons?

B: They are at school.

➡ _____

6 A: <u>When</u> is her cap?

B: It is under the bed.

➡ _____

7 A: <u>What</u> is that boy?

B: He is my brother.

➡ _____

Step **3** 다음 대답에 맞는 알맞은 '의문사 + be동사' 형태의 질문을 완성하세요.

1 A: _____ _____ your teacher?

B: That tall man is my teacher.

2 A: _____ _____ Jenny?

B: She is in her room.

3 A: _____ _____ he crying?

B: Because he is sick.

4 A: _____ _____ that woman?

B: She is my mother.

5 A: _____ _____ my key?

B: It is on the table.

6 A: _____ _____ the weather?

B: It is sunny and hot.

7 A: _____ _____ they going?

B: They are going to the post office.

Step **4** 다음 주어진 말을 사용하여 우리말을 영작하세요.

1 저 나이 든 숙녀는 누구시니? (**that, lady**)

➡ _____ _____ _____ _____ _____ ?

2 너는 지금 어디에 있니? (**now**)

➡ _____ _____ _____ _____ ?

3 그 여자는 누구니? (**woman**)

➡ _____ _____ _____ ?

4 그 도서관은 어디에 있니? (**library**)

➡ _____ _____ _____ ?

5 너의 새집은 어떠니? (**house**)

➡ _____ _____ _____ _____ ?

6 그 아기는 왜 울고 있니? (**baby**)

➡ _____ _____ _____ _____ ?

7 이 파이는 어떠니? (**pie**)

➡ _____ _____ _____ ?

🎧 듣기 Mp3

1. How are   ?

2.   she   her friends.

3. It is   the bed.

4. Who are   ?

5.   is my teacher.

6.   is your new house?

7. They are   .

8. Who is   girl?

9. They   to the post office.

10. Because he is   .

의문사가 사용된 의문문 - 일반동사 (1), (2)

정답 및 해설 p. 20

Step 1   다음 우리말 뜻과 같도록 빈칸에 알맞은 말을 쓰세요.

1 누가 이 책을 쓰니?   ➡ _____ _____ this book?

2 너희 엄마는 무엇을 요리하시니?   ➡ _____ _____ your mom cook?

3 그들은 왜 그곳에 가니?   ➡ _____ _____ they go there?

4 너는 무엇을 읽니?   ➡ _____ _____ you read?

5 그는 언제 일어나니?   ➡ _____ _____ he get up?

Step 2   다음 대화의 밑줄 친 부분을 바르게 고쳐 빈칸에 쓰세요.

1 A: <u>Does why she like</u> Paul?
   B: Because he is kind.   ➡ _____

2 A: <u>When do you going</u> to bed?
   B: I go to bed at ten.   ➡ _____

3 A: <u>When does she plays</u> the piano?
   B: She plays the piano after school.   ➡ _____

4 A: <u>Where does you eat</u> dinner?
   B: I eat dinner at the Chinese restaurant.   ➡ _____

5 A: <u>Why does Thomas eat</u>?
   B: He eats pizza.   ➡ _____

다음 대답에 맞는 알맞은 '의문사＋do동사' 형태의 질문을 완성하세요.

1 A: _____ _____ they like Roy?

B: Because he is funny.

2 A: _____ _____ you study?

B: I study in my room.

3 A: _____ _____ he meet Jessica?

B: He meets her on Sunday.

4 A: _____ _____ you go there?

B: I go there on foot.

5 A: _____ _____ she buy bread?

B: Because she is hungry.

Step 4 다음 주어진 말을 사용하여 우리말을 영작하세요.

1 당신은 무엇이 필요한가요? (**need**)

➡ _____ _____ _____ _____?

2 그 가게는 언제 문을 여니? (**shop, open**)

➡ _____ _____ _____ _____ _____?

3 그들은 무엇을 배우니? (**learn**)

➡ _____ _____ _____ _____?

4 Brian은 어디에 사니? (**live**)

➡ _____ _____ _____ _____?

5 Sue는 언제 집에 오니? (**come home**)

➡ _____ _____ _____ _____ _____?

Step 5 다음은 지수의 친구들에 대해 조사한 표입니다. 표를 보고 빈칸에 알맞은 말을 쓰세요.

	사는 곳	등교 시간	등교 방법	가장 좋아하는 사람 / 이유
Bill	London	9:00	by subway	mom / is kind
Cindy	New York	9:00	by bicycle	dad / is smart
Ming	Beijing	9:30	by bus	sister / sings well
Julie	Paris	10:00	on foot	grandma / knows many funny stories

질문 응답

1 _____ does Bill live? — He lives in London.

2 _____ does Cindy go to school? — She goes to school at 9.

3 _____ does Ming go to school? — She goes to school by bus.

4 _____ does Julie like best? — She likes her grandma best.

5 _____ does Cindy like her dad? — Because he is smart.

6 _____ does Bill go to school? — He goes to school at 9.

7 _____ does Cindy go to school? — She goes to school by bicycle.

8 _____ does Julie live? — She lives in Paris.

9 _____ does Julie go to school? — She goes to school at 10.

10 _____ does Ming like her sister? — Because she sings well.

DAY 02 듣고 받아쓰기 ✪ **Day 02**에서 공부한 내용 중,
10개의 문장을 듣고 써보세요.

🎧 듣기 Mp3

1. I go there _____ _____ .

2. She goes to school _____ _____ .

3. He _____ _____ London.

4. Because he is _____ .

5. Because she _____ _____ .

6. When does she _____ _____ _____ ?

7. _____ do they _____ ?

8. _____ _____ this book?

9. When does Sue _____ _____ ?

10. She goes to school _____ _____ .

Chapter 1

단어 TEST

⚙ 반드시 반을 접어서 사용하세요.

Type 1 다음 영단어에 대한 우리말 뜻을 쓰세요.

1	scarf	
2	stew	
3	laugh	
4	cousin	
5	get	
6	drawer	
7	December	
8	loudly	
9	large	
10	learn	
11	meet	
12	favorite	
13	practice	
14	need	
15	library	
16	Korean	
17	stay	
18	arrive	
19	subway	
20	sick	
21	November	
22	begin	
23	weather	
24	over there	
25	cheap	

Type 2 다음 우리말에 해당하는 영단어를 쓰세요.

1	목도리	
2	스튜, 국	
3	웃다	
4	사촌	
5	얻다	
6	서랍	
7	12월	
8	(목소리 등을) 크게	
9	(크기가) 큰	
10	배우다	
11	만나다	
12	가장 좋아하는	
13	연습하다	
14	필요하다	
15	도서관	
16	한국어	
17	머무르다	
18	도착하다	
19	지하철	
20	아픈	
21	11월	
22	시작하다	
23	날씨	
24	저쪽에	
25	값싼	

의문사 + 명사

Step 1 다음 우리말 뜻과 같도록 빈칸에 알맞은 말을 쓰세요.

1 누구의 바지가 파란색이니? ➡ _____ pants are blue?

2 오늘은 무슨 요일이니? ➡ _____ _____ is it today?

3 저것들은 누구의 책이니? ➡ Whose books _____ those?

4 이것은 누구의 사진기니? ➡ _____ camera is this?

5 너는 몇 시에 학교에 가니? ➡ _____ _____ do you go to school?

6 그는 몇 학년이니? ➡ _____ _____ is he in?

7 그녀는 무슨 색을 좋아하니? ➡ _____ _____ does she like?

Step 2 다음 문장의 밑줄 친 부분을 바르게 고쳐 빈칸에 쓰세요.

1 What subject <u>does</u> you like?
너는 무슨 과목을 좋아하니? ➡ _____

2 What <u>are you grade</u> in?
너는 몇 학년이니? ➡ _____

3 What language <u>does</u> they speak?
그들은 무슨 언어를 말하니? ➡ _____

4 **Whose books <u>those are</u>?**

저것들은 누구의 책이니?

➡ _____

5 **What time <u>does</u> we meet her?**

우리는 몇 시에 그녀를 만나니?

➡ _____

6 **<u>Whose</u> grade is your sister in?**

너의 여동생은 몇 학년이니?

➡ _____

7 **<u>What a bag</u> do you choose?**

너는 무슨 가방을 선택하니?

➡ _____

Step 3 다음 우리말 뜻과 같도록 주어진 단어들을 바르게 배열하세요.

1 너의 남동생은 어떤 과목을 좋아하니? (brother / subject / does / what / like / your)

➡ _____

2 저것들은 누구의 가위이니? (whose / are / scissors / those)

➡ _____

3 너는 몇 시에 점심식사를 하니? (time / do / you / eat / what / lunch)

➡ _____

4 이것들은 누구의 가방이니? (bags / are / these / whose)

➡ _____

5 그 공연은 몇 시에 시작하니? (time / does / what / concert / start / the)

➡ _____

6 Lisa는 무슨 색을 좋아하니? (does / color / Lisa / what / like)

➡ _____

7 너는 무슨 사이즈를 입니? (size / do / you / what / wear)

➡ _____

Step **4**   다음 주어진 말을 사용하여 우리말을 영작하세요.

1 그들은 무슨 동물을 좋아하니? (animal)

➡ _____ _____ _____ _____ _____ ?

2 그 가게는 몇 시에 문을 여니? (shop, open)

➡ _____ _____ _____ _____ _____ _____ ?

3 그들은 무슨 운동을 즐기니? (sports, enjoy)

➡ _____ _____ _____ _____ _____ ?

4 이것은 누구의 휴대전화이니? (cellphone)

➡ _____ _____ _____ _____ ?

5 너는 무슨 음식을 좋아하니? (food)

➡ _____ _____ _____ _____ _____ ?

6 이것은 누구의 아이디어이니? (idea)

➡ _____ _____ _____ _____ ?

DAY 04 듣고 받아쓰기

○ **Day 04**에서 공부한 내용 중,
10개의 문장을 듣고 써보세요.

1. _____ cellphone is this?

2. What _____ do they _____?

3. Whose books are _____?

4. What time does the _____ _____?

5. _____ _____ do you like?

6. _____ _____ are you in?

7. _____ _____ is it today?

8. _____ _____ is this?

9. Whose bags _____ _____?

10. What time do we _____ _____?

Step 1 다음 우리말 뜻과 같도록 빈칸에 알맞은 말을 쓰세요.

1 너는 빵이 얼마나 많이 필요하니?   ➡ How _____ bread do you need?

2 너는 얼마나 자주 피아노를 연주하니?   ➡ How _____ do you play the piano?

3 저 가위는 얼마인가요?   ➡ How _____ are those scissors?

4 그들은 몇 개의 풍선을 가지고 있니?   ➡ How _____ balloons do they have?

5 그 소녀는 몇 살이니?   ➡ How _____ is the girl?

6 그는 거기에서 얼마나 오래 머무르니?   ➡ How _____ does he stay there?

7 그 물고기는 길이가 얼마나 되니?   ➡ How _____ is the fish?

Step 2 다음 대화의 밑줄 친 부분을 바르게 고쳐 빈칸에 쓰세요.

1 A: How old is James?
   B: He is 170 centimeters tall.   ➡ _____

2 A: How many is the robot?
   B: It is fifteen dollars.   ➡ _____

3 A: How often is the park from here?
   B: It is 50 meters.   ➡ _____

4 **A:** <u>How far</u> do they bake cookies?

B: They bake them every day.

➡ _____

5 **A:** <u>How tall</u> are those boys?

B: They are ten years old.

➡ _____

6 **A:** <u>How many</u> water do you drink every day?

B: I drink five glasses of water every day.

➡ _____

7 **A:** <u>How much</u> classes do you have?

B: I have six classes.

➡ _____

Step 3 다음 주어진 단어들을 바르게 배열하여 대화를 완성하세요.

1 **A:** _____ ?

(old / is / Lily / how)

B: She is seven years old.

2 **A:** _____ ?

(is / the / far / playground / how)

B: It is 100 meters from here.

3 **A:** _____ ?

(shoes / are / much / how / these)

B: They are three dollars.

4 **A:** _____ ?

(have / many / do / you / how / dolls)

B: I have six dolls.

5 A: _____?

(how / Ellen / does / exercise / often)

B: She exercises every day.

6 A: _____?

(the / is / how / ribbon / long)

B: It is 90 centimeters long.

7 A: _____?

(much / rice / eat / how / does / he)

B: He eats a bowl of rice.

Step **4** 다음 Patrick에 관한 표를 보고 빈칸에 알맞은 말을 써넣으세요.

나이	키	집과 학교의 거리	영화 감상 횟수
12살	140 cm	800 m	매일

1 A: How _____ is Patrick?

B: He is twelve years old.

2 A: How _____ is Patrick?

B: He is 140 centimeters tall.

3 A: How _____ is Patrick's school?

B: It is 800 meters from his house.

4 A: How _____ does Patrick watch movies?

B: He watches movies every day.

DAY 05 듣고 받아쓰기 · **Day 05**에서 공부한 내용 중, 10개의 문장을 듣고 써보세요.

 듣기 Mp3

1. How much bread do you _____ ?

2. How _____ do you play the piano?

3. How _____ is the fish?

4. _____ _____ is Patrick?

5. He eats a _____ of rice.

6. She _____ every day.

7. How _____ does he _____ there?

8. How many _____ do they have?

9. How much _____ _____ scissors?

10. He watches movies _____ _____ .

⊕ 반드시 반을 접어서 사용하세요.

Type 1 다음 영단어에 대한 우리말 뜻을 쓰세요.

1	choose	
2	candle	
3	dessert	
4	piece	
5	finish	
6	space	
7	snake	
8	thousand	
9	notebook	
10	borrow	
11	live	
12	worm	
13	centimeter	
14	kilometer	
15	hiking	
16	meter	
17	ruler	
18	dictionary	
19	plant	
20	river	
21	far	
22	grade	
23	museum	
24	whale	
25	polar bear	

Type 2 다음 우리말에 해당하는 영단어를 쓰세요.

1	선택하다	
2	양초	
3	디저트	
4	조각	
5	끝내다	
6	우주	
7	뱀	
8	천(1000)	
9	공책	
10	빌리다	
11	살다	
12	벌레	
13	센티미터	
14	킬로미터	
15	도보여행	
16	미터	
17	자	
18	사전	
19	식물	
20	강	
21	먼; 멀리	
22	학년, 등급	
23	박물관, 미술관	
24	고래	
25	북극곰	

There is ~ / There are ~

정답 및 해설 p. 22

Step 1 다음 괄호 안에서 알맞은 말을 골라 빈칸에 써넣으세요.

1 There is _____ near my house. (a lake / two lakes)

2 There are _____ in this house. (a table / three tables)

3 There are _____ in that library. (a book / many books)

4 There is _____ in the drawer. (an eraser / many erasers)

5 There is _____ in his hand. (a flower / five flowers)

6 There are _____ on the farm. (a sheep / some sheep)

7 There is _____ in the fish bowl. (a fish / some fish)

Step 2 다음 빈칸에 **is**와 **are** 중 알맞은 것을 넣으세요.

1 There _____ some towels in the shelf.

2 There _____ a mat on the floor.

3 There _____ three toothbrushes in the bathroom.

4 There _____ some rice in the bag.

5 There _____ a big kite in the sky.

6 There _____ some paper on the desk.

7 There _____ three pieces of cake on the table.

Step **3** 다음 문장의 밑줄 친 부분을 바르게 고쳐 빈칸에 쓰세요.

1 There is some snails on the ground.　→　_____

2 There are a map in Judy's bag.　→　_____

3 There are a rainbow in the sky.　→　_____

4 There is many people on the beach.　→　_____

5 There are some paper in the box.　→　_____

6 There is photos on the book.　→　_____

7 There is trucks in front of the building.　→　_____

Step **4** 다음 우리말 뜻과 같도록 주어진 단어들을 바르게 배열하세요.

1 도로에 차가 두 대 있다. (on / are / two / there / cars / the / road)

→ _____

2 벤치에 소녀 세 명이 있다. (the / bench / girls / there / three / are / on)

→ _____

3 나의 지갑에는 돈이 약간 있다. (my / some / there / in / money / wallet / is)

→ _____

4 나무에 새가 한 마리 있다. (the / tree / bird / in / is / there / a)

→ _____

5 우리 마을에는 가게들이 많이 있다. (in / many / are / town / our / stores / there)

→ _____

6 벽에 달력이 한 개 있다. (a / on / there / calendar / the / wall / is)

→ _____

7 벤치 위에 동전이 한 개 있다. (a / there / coin / on / bench / is / the)

→ _____

듣고 받아쓰기

✿ **Day 07**에서 공부한 내용 중, 10개의 문장을 듣고 써보세요.

1. _____ _____ a lake near my house.

2. There is an eraser in the _____ .

3. There are _____ _____ on the farm.

4. There is _____ _____ in the bag.

5. There is a big _____ in the sky.

6. There is a _____ on the wall.

7. There is a _____ on the bench.

8. There is some _____ in my _____ .

9. _____ _____ some snails on the ground.

10. There is _____ _____ in the sky.

There is[are] not ~ / Is[Are] there ~?

정답 및 해설 p. 23

Step 1 　다음 우리말 뜻과 같도록 빈칸에 알맞은 말을 〈보기〉에서 골라 쓰세요.

보기	There isn't	There aren't	Is there	Are there

1 방 안에 거울이 없다.

→ _____ a mirror in the room.　　　　_____

2 운동장에 운동선수들이 많이 없다.

→ _____ many players in the playground.　　　_____

3 냉장고에 우유가 하나도 없다.

→ _____ any milk in the refrigerator.　　　_____

4 거미줄에 거미가 있니?

→ _____ a spider on the web?　　　　_____

5 나무에 원숭이가 두 마리 있니?

→ _____ two monkeys in the tree?　　　_____

6 접시 위에 피자가 좀 있니?

→ _____ any pizza on the dish?　　　_____

Step 2 　다음 문장의 밑줄 친 부분을 바르게 고쳐 빈칸에 쓰세요.

1 There <u>isn't</u> any trees on the mountain.
산에 나무가 하나도 없다.　　　　　　→ _____

2 There <u>isn't</u> many eggs in the box.
상자 안에 달걀이 많이 없다.　　　　　→ _____

3 There <u>aren't</u> any soup in the pot.

냄비에 수프가 하나도 없다.

➡ _____

4 There <u>isn't</u> many people on the bus.

버스에 사람들이 많이 없다.

➡ _____

5 <u>Are</u> there any bread in the bakery?

빵집에 빵이 조금이라도 있니?

➡ _____

6 <u>Is</u> there any shoes under the bed?

침대 아래에 신발이 하나라도 있니?

➡ _____

7 Are there many <u>peach</u> in the refrigerator?

냉장고 안에 복숭아가 많이 있니?

➡ _____

Step **3**   다음 우리말 뜻과 같도록 주어진 단어들을 바르게 배열하세요.

1 여기에는 축구공이 없다. (a / here / there / soccer ball / isn't)

➡ _____

2 바구니에 사과가 하나도 없다. (in / basket / apples / there / aren't / any / the)

➡ _____

3 책상 위에 로봇이 없다. (isn't / on / desk / there / a robot / the)

➡ _____

4 옷장 안에 장갑이 하나라도 있니? (wardrobe / are / gloves / there / in / any / the)

➡ _____

5 시장에 사람들이 많이 있니? (the / in / people / are / many / there / market)

➡ _____

6 봉지 안에 레몬이 네 개 있니? (the / are / four / lemons / there / in / bag)

➡ _____

7 매트 위에 인형이 한 개 있니? (the / mat / is / there / a doll / on)

➡ _____

Step **4** 다음은 Jake의 마을에 있는 건물과 그 수를 적은 표입니다. 표를 보고 대화의 빈칸에 알맞은 말을 쓰세요.

library	park	bank	post office
1개	2개	3개 이상	없음

1 A: _____ _____ a library in your town?
B: Yes, there is.

2 A: Are there any parks in your town?
B: Yes, _____ _____.

3 A: _____ _____ many banks in your town?
B: Yes, there are.

4 A: Is there a post office in your town?
B: No, _____ _____.

🎧 듣기 Mp3

1. There isn't _____ _____ in the refrigerator.

2. _____ _____ a spider on the web?

3. Is there _____ _____ on the dish?

4. _____ _____ any bread in the bakery?

5. There _____ any soup in the pot.

6. Are there _____ _____ under the bed?

7. _____ _____ a library in your town?

8. There _____ many players in the playground.

9. Is there _____ _____ on the mat?

10. Are there any gloves in the _____ ?

○ 반드시 반을 접어서 사용하세요.

Type 1 다음 영단어에 대한 우리말 뜻을 쓰세요.

1	vase	
2	bottle	
3	magazine	
4	hospital	
5	wall	
6	dish	
7	playground	
8	carrot	
9	street	
10	roof	
11	kitchen	
12	temple	
13	bookcase	
14	pumpkin	
15	chick	
16	yard	
17	pond	
18	bowl	
19	ground	
20	shelf	
21	farm	
22	slide	
23	comic book	
24	problem	
25	garden	

Type 2 다음 우리말에 해당하는 영단어를 쓰세요.

1	꽃병	
2	병	
3	잡지	
4	병원	
5	벽	
6	접시	
7	운동장	
8	당근	
9	거리	
10	지붕	
11	부엌	
12	사원, 절	
13	책장	
14	호박	
15	병아리	
16	마당, 뜰	
17	연못	
18	(오목한) 그릇	
19	땅	
20	선반	
21	농장	
22	미끄럼틀	
23	만화책	
24	문제	
25	정원	

Step 1 다음 주어진 문장을 과거시제로 바꾸세요.

1 Sophie is a shy girl.
Sophie는 수줍음을 타는 소녀이다. ➡ _____

2 My shoes are new.
나의 신발은 새것이다. ➡ _____

3 Tony is at the zoo.
Tony는 동물원에 있다. ➡ _____

4 The kiwis are sour.
그 키위는 맛이 시다. ➡ _____

5 My dad is very tired.
나의 아빠는 매우 피곤하다. ➡ _____

Step 2 다음 주어진 문장을 부정문으로 바꾸세요. (단, 축약이 가능하면 축약할 것)

1 The street was quiet.
그 거리는 조용했다. ➡ _____

2 The sky was blue.
하늘이 파랬다. ➡ _____

3 The trees were tall.
그 나무들은 키가 컸다. ➡ _____

4 The women were in the hospital.
그 여자들은 그 병원에 있었다. ➡ _____

5 Michelle was sleepy.
Michelle은 졸렸다. ➡ _____

Step 3 다음 문장의 밑줄 친 부분을 바르게 고쳐 빈칸에 쓰세요.

1 That man <u>were</u> young.
저 남자는 젊었다.
➡ _____

2 The girls <u>was</u> ten years old.
그 소녀들은 열 살이었다.
➡ _____

3 The room <u>were</u> hot.
그 방은 더웠다.
➡ _____

4 The students <u>not were</u> on the playground.
그 학생들은 운동장에 있지 않았다.
➡ _____

5 Nick and I <u>wasn't</u> classmates.
Nick과 나는 반 친구가 아니었다.
➡ _____

Step 4 다음 주어진 말을 사용하여 우리말을 영작하세요.

1 Tim은 몸이 약했다. (**weak**)

➡ _____ _____ _____ .

2 그 케이크는 맛있었다. (**delicious**)

➡ _____ _____ _____ .

3 우리는 해변에 있지 않았다. (**on the beach**)

➡ _____ _____ _____ _____ _____ .

4 Lucy는 요리사가 아니었다. (**cook**)

➡ _____ _____ _____ .

5 그의 사과들은 달콤하지 않았다. (**sweet**)

➡ _____ _____ _____ .

Step 5 다음은 Roy와 Sue가 '지난주'에 친구들과 있었던 일을 메모한 표입니다. 표와 우리말을 보고 빈칸에 알맞은 말을 쓰세요.

	요일	날씨	장소	기분	특이점
Roy	Sunday	sunny	beach	happy	many people / water: not cold
Sue	Friday	windy	theater	angry	movie: not good / food: very bad

Roy

1 It _____ sunny last Sunday. 지난 일요일은 화창했다.

2 I _____ on the beach. 나는 해변에 있었다.

3 There _____ many people. 사람들이 많이 있었다.

4 The water _____ _____ cold. 물은 차갑지 않았다.

5 We _____ very happy there. 우리는 그곳에서 매우 행복했다.

Sue

6 It _____ windy last Friday. 지난 금요일은 바람이 많이 불었다.

7 Anna and I _____ at the theater. Anna와 나는 극장에 있었다.

8 The movie _____ good. 그 영화는 별로였다.

9 The food _____ very bad. 음식은 정말 형편없었다.

10 We _____ very angry. 우리는 매우 화가 났다.

DAY 10 듣고 받아쓰기 ✿ **Day 10**에서 공부한 내용 중, 10개의 문장을 듣고 써보세요.

🎧 듣기 Mp3

1. The street _____ quiet.

2. The trees _____ tall.

3. The room _____ _____ .

4. The students _____ _____ on the playground.

5. _____ _____ weren't in the hospital.

6. The kiwis _____ _____ .

7. Michelle _____ _____ .

8. Tim was _____ .

9. We _____ on the _____ .

10. His apples _____ _____ .

be동사 과거형의 의문문(1), (2)

Step 1 다음 우리말 뜻과 같도록 빈칸에 알맞은 말을 쓰세요.

1 너의 방은 지저분했니?

→ _____ your room dirty?

2 상자 안에 무엇이 있었니?

→ _____ _____ in the box?

3 과학 시험은 언제였니?

→ _____ _____ the science test?

4 그 영화는 어땠니?

→ _____ _____ the movie?

5 그들은 그들의 사무실에 있었니?

→ _____ _____ in their office?

Step 2 다음 문장의 밑줄 친 부분을 바르게 고쳐 빈칸에 쓰세요.

1 Were the <u>kid</u> on the sand?
그 아이들은 모래 위에 있었니?

→ _____

2 <u>Was</u> they healthy?
그들은 건강했니?

→ _____

3 What <u>your favorite color was</u>?
네가 가장 좋아하는 색은 무엇이었니?

→ _____

4 <u>Were</u> Sarah at home?
Sarah는 집에 있었니?

→ _____

5 How <u>was far</u> the station from here?
여기서 그 기차역은 얼마나 멀었니?

→ _____

Step 3　다음 우리말 뜻과 같도록 주어진 단어들을 바르게 배열하세요.

1 소방서가 어디에 있었나요? (fire station / the / was / where)

➡ _____

2 그 학생들은 도서관에 있었니? (library / the / were / the / in / students)

➡ _____

3 그들은 왜 행복해했나요? (they / why / were / happy)

➡ _____

4 Eddie는 작년에 키가 얼마였니? (year / tall / how / was / Eddie / last)

➡ _____

Step 4　다음 주어진 말을 사용하여 우리말을 영작하세요.

1 그 축제는 어땠니? (festival)

➡ _____ _____ _____ _____?

2 너는 키가 작았니? (short)

➡ _____ _____ _____?

3 Dona는 왜 화가 났니? (angry)

➡ _____ _____ _____ _____?

4 그 뱀은 길이가 얼마나 길었니? (the snake)

➡ _____ _____ _____ _____ _____?

5 너의 수학 선생님은 누구였니? (math teacher)

➡ _____ _____ _____ _____?

Step **5** 다음은 Clare와 Kevin의 작년 모습에 대해 질문하고 답한 내용을 정리한 표입니다. 내용을 참고하여 빈칸에 알맞은 말을 쓰세요.

	나이	성격	좋아했던 과목	담임 선생님
Clare	11살	shy	English	Mr. Poe
Kevin	12살	lazy	math	Mr. Smith

Clare

1 A: How _____ were you?　　　B: I was 11 years old.

2 A: _____ you shy?　　　B: Yes, I was.

3 A: _____ was your favorite subject?　　　B: It was English.

4 A: _____ was your teacher?　　　B: My teacher was Mr. Poe.

Kevin

5 A: _____ you 12 years old?　　B: Yes, I was.

6 A: Were you diligent?　　　B: No, I _____. I was lazy.

7 A: Was math your favorite subject?　　B: Yes, it _____.

8 A: Was your teacher Mr. Smith?　　B: Yes, he _____.

1. _____ was the science test?

2. _____ was the movie?

3. Were they in _____ _____ ?

4. Were the _____ on the sand?

5. Was math your _____ _____ ?

6. _____ _____ _____ the snake?

7. _____ _____ was the station from here?

8. _____ was Dora _____ ?

9. How tall was Eddie _____ _____ ?

10. _____ the students in the _____ ?

Chapter 4

단어 TEST

○ 반드시 반을 접어서 사용하세요.

Type 1 다음 영단어에 대한 우리말 뜻을 쓰세요.

1	behind	
2	thirsty	
3	bakery	
4	nickname	
5	backyard	
6	ago	
7	healthy	
8	delicious	
9	mountain	
10	famous	
11	nurse	
12	expensive	
13	last	
14	at home	
15	sick	
16	shy	
17	grade	
18	angry	
19	dirty	
20	gym	
21	tired	
22	funny	
23	office	
24	vacation	
25	fresh	

Type 2 다음 우리말에 해당하는 영단어를 쓰세요.

1	~ 뒤에	
2	목마른	
3	제과점, 빵집	
4	별명	
5	뒤뜰	
6	~ 전에	
7	건강한	
8	맛있는	
9	산	
10	유명한	
11	간호사	
12	비싼	
13	지난	
14	집에(서)	
15	아픈	
16	수줍은	
17	학년, 등급	
18	화가 난	
19	더러운	
20	체육관	
21	피곤한	
22	재미있는, 우스운	
23	사무실	
24	휴가, 방학	
25	신선한	

일반동사 과거형의 규칙변화 / 불규칙변화

정답 및 해설 p. 24

Step 1 다음 우리말 뜻과 같도록 〈보기〉에 있는 단어를 사용하여 과거형 문장을 완성하세요. (필요시 형태를 바꿀 것)

보기	eat	dance	tell	cut	make

1 Mary와 Jane은 함께 춤을 췄다.

→ Mary and Jane _____ together.

2 Thomas는 후식으로 쿠키를 조금 먹었다.

→ Thomas _____ some cookies for dessert.

3 Victoria는 케이크를 잘랐다.

→ Victoria _____ the cake.

4 Peter는 장난감 로봇을 만들었다.

→ Peter _____ a toy robot.

5 Sean은 우리에게 재미있는 이야기를 해 주었다.

→ Sean _____ a funny story to us.

Step 2 다음 주어진 문장을 과거시제로 바꿔 쓰세요.

1 I hurt my shoulder.
나는 어깨에 상처를 입었다.   → _____

2 Helen shops with her friends.
Helen은 그녀의 친구들과 쇼핑을 간다.   → _____

3 Amy tells a lie.
Amy는 거짓말을 한다.   → _____

4 Andrew rides his bicycle.
Andrew는 그의 자전거를 탄다.   → _____

Step 3 다음 우리말 뜻과 같도록 주어진 단어들을 바르게 배열하세요. (단, 단어 하나의 형태를 바꿀 것)

1 그 은행은 4시에 문을 닫았다. (bank / at / o'clock / the / close / four)

➡ _____

2 나는 그 축제를 위해 드럼을 연습했다. (the / the / for / festival / practice / I / drum)

➡ _____

3 Ed와 Elly는 시험에 대해 걱정했다. (the / about / and / test / Ed / worry / Elly)

➡ _____

4 그 소년은 몇 가지 질문을 했다. (some / boy / questions / ask / the)

➡ _____

5 그는 그 콘서트에서 첼로를 연주했다. (play / cello / the / concert / at / he / the)

➡ _____

Step 4 다음 주어진 말을 사용하여 우리말을 영작하세요. (필요시 형태를 바꿀 것)

1 Alex는 그의 숙제를 했다. (do)

➡ _____ _____ _____ _____.

2 그 아기는 종을 하나 가지고 있었다. (have, bell)

➡ _____ _____ _____ _____ _____.

3 Monica는 그의 노래들을 사랑했다. (love, songs)

➡ _____ _____ _____ _____.

4 우리는 학교에서 한국어를 배웠다. (learn, at school)

➡ _____ _____ _____ _____.

Step 5 다음은 친구들이 지난 주말에 한 일을 나타낸 표입니다. 표를 보고 빈칸에 알맞은 말을 쓰세요.

	Susie	Amy	Eric	George	Andy
Saturday	bake bread	swim	take a walk	ride his bicycle	read books
Sunday	draw a picture	meet Ron	stay at home	study math	make pizza

1 Susie _____ some bread last Saturday.

Susie는 지난 토요일에 약간의 빵을 구웠다.

2 Amy _____ in the pool last Saturday.

Amy는 지난 토요일에 수영장에서 수영했다.

3 Eric _____ a walk last Saturday.

Eric은 지난 토요일에 산책했다.

4 George _____ his bicycle last Saturday.

George는 지난 토요일에 자신의 자전거를 탔다.

5 Andy _____ books last Saturday.

Andy는 지난 토요일에 책을 읽었다.

6 Susie _____ a picture last Sunday.

Susie는 지난 일요일에 그림을 그렸다.

7 Amy _____ Ron last Sunday.

Amy는 지난 일요일에 Ron을 만났다.

8 Eric _____ at home last Sunday.

Eric는 지난 일요일에 집에 머물렀다.

9 George _____ math last Sunday.

George는 지난 일요일에 수학을 공부했다.

10 Andy _____ pizza last Sunday.

Andy는 지난 일요일에 피자를 만들었다.

1. Mary and Jane _____ _____ .

2. Sean _____ a _____ story to us.

3. Amy _____ _____ _____ .

4. Andrew _____ his bicycle.

5. The boy asked some _____ .

6. We _____ Korean at school.

7. Eric _____ _____ _____ .

8. Susie _____ _____ _____ .

9. Helen _____ with her friends.

10. George _____ math.

일반동사 과거형의 부정문 / 의문문

정답 및 해설 p. 25

Step 1 다음 우리말 뜻과 같도록 〈보기〉에 있는 단어를 사용하여 과거형 부정문을 완성하세요. (필요시 형태를 바꿀 것)

보기	play	write	take	visit

1 Mike는 샤워를 하지 않았다.

➡ Mike _____ _____ a shower.

2 그녀는 Paul에게 편지를 쓰지 않았다.

➡ She _____ _____ a letter to Paul.

3 그 소년들은 축구를 하지 않았다.

➡ The boys _____ _____ soccer.

4 너의 여동생들은 너를 방문하지 않았다.

➡ Your sisters _____ _____ you.

Step 2 다음 우리말 뜻과 같도록 〈보기〉에 있는 단어를 사용하여 과거형 의문문을 완성하세요.

보기	jump	know	show	run

1 그 개구리는 연못 안으로 뛰어 들어갔니?

➡ _____ the frog _____ into the pond?

2 그는 그의 남동생과 달렸니?

➡ _____ he _____ with his brother?

3 누가 너에게 그 앨범을 보여 줬니?

➡ _____ _____ the album to you?

4 너는 그 소식을 어떻게 알았니?

➡ _____ _____ you _____ the news?

다음 우리말 뜻과 같도록 주어진 단어들을 바르게 배열하세요.

1 Adam은 많은 책을 읽지 않았다. (books / Adam / many / read / didn't)

➡ _____

2 그들은 그 집에 살지 않았다. (in / didn't / they / live / the / house)

➡ _____

3 많은 사람들이 그의 그림들을 좋아했니? (his / many / pictures / did / people / like)

➡ _____

4 Fred는 언제 여기로 이사 왔니? (Fred / did / here / when / move)

➡ _____

5 그는 꽃을 몇 송이 샀니? (many / did / he / how / flowers / buy)

➡ _____

다음 주어진 말을 사용하여 우리말을 영작하세요.

1 많은 남자들이 잔디를 잘랐다. (many, cut, the grass)

➡ _____ _____ _____ _____ _____.

2 그녀는 그녀의 숙제를 하지 않았다. (do)

➡ _____ _____ _____ _____ _____.

3 그들이 포크 하나를 샀나요? (buy)

➡ _____ _____ _____ _____ _____?

4 Brian은 집에 늦게 왔나요? (come, late)

➡ _____ _____ _____ _____ _____?

Step 5 친구들이 한 일에 대한 메모를 보고 질문지를 작성하려고 합니다. 〈보기〉에서 알맞은 말을 골라 빈칸을 완성하세요. (한 번씩만 사용할 것)

Tommy	Serena	Judy
· piano	· room	· teeth
· vegetables	· movies	· books
· milk	· mom	· homework

보기 finish play help read brush eat clean watch drink

Tommy

1 _____ you _____ the piano? 너는 피아노를 연주했니?

2 _____ you _____ vegetables? 너는 채소를 먹었니?

3 _____ you _____ milk? 너는 우유를 마셨니?

Serena

4 _____ you _____ your room? 너는 너의 방을 청소했니?

5 _____ you _____ the movies? 너는 그 영화들을 보았니?

6 _____ you _____ your mom? 너는 엄마를 도와드렸니?

Judy

7 _____ you _____ your teeth? 너는 이를 닦았니?

8 _____ you _____ books? 너는 책을 읽었니?

9 _____ you _____ your homework? 너는 너의 숙제를 끝냈니?

🎧 듣기 Mp3

1. Mike didn't [   ] [   ] [   ].

2. The boys didn't [   ] [   ].

3. Your sisters didn't [   ] you.

4. [   ] [   ] the album to you?

5. How did you [   ] the news?

6. Many [   ] cut the grass.

7. Did Brian come home [   ]?

8. Did you eat [   ]?

9. Did you [   ] your teeth?

10. Did you finish your [   ]?

Chapter 5

단어 TEST

Type 1 다음 영단어에 대한 우리말 뜻을 쓰세요.

1	along	
2	all day	
3	begin	
4	shop	
5	station	
6	necklace	
7	grass	
8	late	
9	cucumber	
10	vegetable	
11	cellphone	
12	visit	
13	beach	
14	go to a movie	
15	take care of	
16	last	
17	carry	
18	plan	
19	drop	
20	in front of	
21	bake	
22	send	
23	know	
24	sell	
25	hurt	

Type 2 다음 우리말에 해당하는 영단어를 쓰세요.

1	~을 따라서	
2	하루 종일	
3	시작하다	
4	쇼핑하다; 가게	
5	(기차)역	
6	목걸이	
7	잔디	
8	늦은; 늦게	
9	오이	
10	채소	
11	휴대전화	
12	방문하다	
13	해변	
14	영화 보러 가다	
15	~을 돌보다	
16	지난, 마지막의	
17	들고 다니다, 운반하다	
18	계획하다	
19	떨어뜨리다	
20	~ 앞에	
21	굽다	
22	보내다	
23	알다	
24	팔다	
25	아프다, 상처 입히다	

DAY 17 조동사 can (1), (2)

정답 및 해설 p. 25

Step 1 다음 주어진 문장을 괄호 안의 지시대로 바꿔 쓰세요.

1 Eric can speak Korean. (부정문)
Eric은 한국어를 말할 수 있다.
➡ _____

2 Nick can go to the zoo. (의문문)
Nick은 동물원에 가도 된다.
➡ _____

3 I can jump rope. (부정문)
나는 줄넘기를 할 수 있다.
➡ _____

4 They can eat spicy food. (의문문)
그들은 매운 음식을 먹을 수 있다.
➡ _____

5 Alex can come to the party. (부정문)
Alex는 파티에 가도 된다.
➡ _____

Step 2 다음 문장에서 밑줄 친 부분을 바르게 고쳐 빈칸에 쓰세요.

1 Mr. Miller <u>cans</u> drive a bus.
Miller 씨는 버스를 운전할 수 있다.
➡ _____

2 The baby can <u>drinks</u> water.
그 아기는 물을 마실 수 있다.
➡ _____

3 We <u>not can</u> live without air.
우리는 공기 없이 살 수 없다.
➡ _____

4 My brother cannot <u>eats</u> carrots.
나의 남동생은 당근을 먹을 수 없다.
➡ _____

5 <u>Does he can</u> read this book?
그는 이 책을 읽을 수 있니?
➡ _____

Step 3   다음 우리말 뜻과 같도록 주어진 단어들을 바르게 배열하세요.

1   Monica는 오늘 학교에 갈 수 없다. (Monica / to / today / can't / school / go)

→ _____

2   그녀는 중국 음식을 요리할 수 있다. (is / cook / food / she / to / Chinese / able)

→ _____

3   개미들은 나무에 올라갈 수 있다. (able / up / the tree / are / ants / to / climb)

→ _____

4   미나는 영어로 숫자를 셀 수 있다. (can / numbers / in / count / Mina / English)

→ _____

5   그는 한국어로 자신의 이름을 쓸 수 있니? (he / write / can / name / in / his / Korean)

→ _____

Step 4   다음 주어진 말을 사용하여 우리말을 영작하세요.

1   그것들은 날 수 있다. (fly, are)

→ _____ _____ _____ _____ _____ .

2   Roy는 커피를 마실 수 있니? (drink, coffee)

→ _____ _____ _____ _____ ?

3   그들은 잘 그릴 수 있니? (draw, well)

→ _____ _____ _____ _____ ?

4   Annie는 저 문을 열 수 없다. (open, that)

→ _____ _____ _____ _____ _____ .

Step 5　다음은 친구들이 할 수 있는 것과 할 수 없는 것을 적은 표입니다. 표를 보고 빈칸에 **can** 또는 **can't**를 포함하여 문장을 완성하세요.

	swim	ride a bike	play the piano	bake bread	skate
Bruce	1 ◯	4 ✕	6 ✕	◯	10 ✕
Lisa	2 ✕	5 ◯	7 ◯	9 ✕	10 ✕
Joe	3 ◯	5 ◯	8 ✕	9 ✕	◯

1 Bruce _____ _____.

2 Lisa _____ _____.

3 Joe _____ _____.

4 Bruce _____ _____ _____ _____.

5 Lisa and Joe _____ _____ _____ _____.

6 Bruce _____ _____ _____ _____.

7 Lisa _____ _____ _____ _____.

8 Joe _____ _____ _____ _____.

9 Lisa and Joe _____ _____ _____.

10 Bruce and Lisa _____ _____.

DAY 17 듣고 받아쓰기 ☼ **Day 17**에서 공부한 내용 중, 10개의 문장을 듣고 써보세요.

🎧 듣기 Mp3

1. Eric _____ _____ Korean.

2. Can they eat _____ food?

3. We cannot live _____ _____ .

4. Monica _____ go to school today.

5. Ants are _____ to climb up the tree.

6. Can they _____ well?

7. Bruce _____ _____ a bike.

8. Lisa and Joe can't _____ _____ .

9. They _____ _____ to fly.

10. My brother _____ _____ carrots.

Step 1 다음 주어진 문장을 괄호 안의 지시대로 바꿔 쓰세요.

1 You may play outside. (부정문)
너는 밖에서 놀아도 된다.

➡ _____

2 Nell may go to the zoo. (부정문)
Nell은 동물원에 가도 된다.

➡ _____

3 You may run here. (의문문, 주어를 I로)
너는 여기서 달려도 된다.

➡ _____

4 You may eat this cake. (부정문)
너는 이 케이크를 먹어도 된다.

➡ _____

5 We may use this computer. (의문문)
우리는 이 컴퓨터를 써도 된다.

➡ _____

Step 2 다음 우리말 뜻과 같도록 **may**를 포함한 문장을 완성하세요.

1 내가 내일 너에게 전화해도 될까?

➡ _____ I _____ you tomorrow?

2 방문객들은 이 버튼을 만지면 안 된다.

➡ Visitors _____ _____ _____ this button.

3 너는 지금 이 피아노를 연주해도 된다.

➡ You _____ _____ this piano now.

4 내가 너의 펜을 사용해도 될까?   – 물론이지

➡ _____ I _____ your pen?   – _____ _____ .

Step 3 다음 문장의 밑줄 친 부분을 바르게 고쳐 쓰세요.

1 May <u>sit I</u> here?
여기 앉아도 될까요?
➡ _____

2 Students <u>may brings</u> their lunch.
학생들은 점심을 가져와도 됩니다.
➡ _____

3 The kids <u>not may go</u> home now.
그 아이들은 지금 집에 가면 안 된다.
➡ _____

4 He <u>mays use</u> my pencil.
그는 내 연필을 써도 된다.
➡ _____

5 <u>Do I may</u> eat a piece of cake?
케이크 한 조각을 먹어도 될까요?
➡ _____

Step 4 다음 우리말 뜻과 같도록 주어진 단어들을 바르게 배열하세요.

1 제가 우유를 좀 사도 될까요? (I / some / may / milk / buy)
➡ _____

2 제가 그의 여권을 좀 봐도 될까요? (passport / may / see / I / his)
➡ _____

3 아니, 그러면 안 돼. (not / you / no / may / ,)
➡ _____

4 물론이지. 여기 있어. (course / here / are / of / you)
➡ _____

5 당신은 그 방에 들어가면 안 됩니다. (may / you / enter / the / not / room)
➡ _____

Step 5   다음 우리말 뜻과 같도록 **may**와 주어진 말을 사용하여 영작하세요.

1 제가 여기를 떠나도 될까요? (**leave**)

→ _____ _____ _____ _____?

2 너는 자러 가면 안 된다. (**go to bed**)

→ _____ _____ _____ _____ _____ _____.

3 제가 당신의 컴퓨터를 사용해도 되나요? (**use, computer**)

→ _____ _____ _____ _____ _____?

4 너는 이 복숭아를 먹어도 된다. (**eat, peach**)

→ _____ _____ _____ _____ _____.

5 제가 지금 피아노를 연주해도 될까요? (**play the piano**)

→ _____ _____ _____ _____ _____ _____?

6 너희들은 여기서 축구를 하면 안 된다. (**play soccer**)

→ _____ _____ _____ _____ _____ _____.

7 제가 문을 열어도 될까요? (**the door**)

→ _____ _____ _____ _____ _____?

8 제가 화장실에 가도 될까요? (**the restroom**)

→ _____ _____ _____ _____ _____ _____?

DAY 18 듣고 받아쓰기 ✿ **Day 18**에서 공부한 내용 중, 10개의 문장을 듣고 써보세요.

🎧 듣기 Mp3

1. You may not _____ _____ .

2. May we _____ this computer?

3. He _____ _____ my pencil.

4. May I _____ _____ milk?

5. _____ _____ . Here you are.

6. May I _____ here?

7. You may not _____ _____ _____ .

8. You may not _____ _____ here.

9. May I go to _____ _____ ?

10. May I eat a _____ of cake?

Chapter 6

단어 TEST

☺ 반드시 반을 접어서 사용하세요.

Type 1 다음 영단어에 대한 우리말 뜻을 쓰세요.

1	ride	
2	stay	
3	pass	
4	insect	
5	throw	
6	chopsticks	
7	attention	
8	next to	
9	wait	
10	ticket	
11	passport	
12	borrow	
13	outside	
14	lift	
15	ladder	
16	cellphone	
17	take a shower	
18	question	
19	enter	
20	bring	
21	restaurant	
22	visitor	
23	take a walk	
24	bathroom	
25	pet	

Type 2 다음 우리말에 해당하는 영단어를 쓰세요.

1	타다	
2	머무르다	
3	건네주다	
4	곤충	
5	던지다	
6	젓가락	
7	주목, 집중	
8	～ 옆에	
9	기다리다	
10	표	
11	여권	
12	빌리다	
13	밖에	
14	들어올리다	
15	사다리	
16	휴대전화	
17	샤워하다	
18	질문	
19	들어오다, 들어가다	
20	가져오다	
21	식당	
22	방문객	
23	산책하다	
24	욕실	
25	애완동물	

DAY 20 조동사 must

정답 및 해설 p. 26

Step 1 다음 우리말 뜻과 같도록 〈보기〉에 있는 단어와 **must**를 사용하여 문장을 완성하세요.

보기	run	pick	read	hurry

1 내 남동생은 지금 서둘러야 한다.

➡ My brother _____ now.

2 그 아이는 그 꽃들을 꺾어서는 안 된다.

➡ The kid _____ the flowers.

3 Judy는 책을 많이 읽어야 한다.

➡ Judy _____ many books.

4 너희는 복도에서 달리면 안 된다.

➡ You _____ in the hall.

Step 2 다음 우리말 뜻과 같도록 주어진 단어를 사용하여 문장을 완성하세요.

1 우리는 매일 여섯 잔의 물을 마셔야 한다. (**drink**)

➡ We _____ _____ 6 glasses of water every day.

2 Joan은 그녀의 방을 청소할 필요가 없다. (**clean**)

➡ Joan _____ _____ _____ _____ her room.

3 너희들은 여기서 놀면 안 된다. (**play**)

➡ You _____ _____ _____ here.

4 나는 하루 종일 집에 머물러야 한다. (**stay**)

➡ I _____ _____ _____ at home all day.

다음 문장의 밑줄 친 부분을 바르게 고쳐 쓰세요.

1 I **has** to fix my computer.
나는 나의 컴퓨터를 수리해야 한다.

➡ _____

2 Sue **must washes** her hair.
Sue는 그녀의 머리를 감아야 한다.

➡ _____

3 Students must not **parks** here.
학생들은 여기에 주차해서는 안 된다.

➡ _____

4 You **not must** swim at night.
너는 밤에 수영해서는 안 된다.

➡ _____

5 The kid **doesn't must play** near cars.
그 아이는 자동차 근처에서 놀아서는 안 된다.

➡ _____

다음 우리말 뜻과 같도록 주어진 단어들을 바르게 배열하세요.

1 너는 그 길을 건너지 말아야 한다. (not / the / street / cross / must / you)

➡ _____

2 우리는 거리에 쓰레기를 버려서는 안 된다. (the / street / litter / on / must / we / not)

➡ _____

3 그녀는 크게 말할 필요가 없다. (speak / she / loudly / have / doesn't / to)

➡ _____

4 Emma는 집에 돌아와야 한다. (home / Emma / to / has / back / come)

➡ _____

5 Susie는 숟가락을 사용할 필요가 없다. (Susie / to / a / spoon / doesn't / use / have)

➡ _____

6 너는 그 상자를 열지 말아야 한다. (must / box / you / not / open / the)

➡ _____

Step **5** 다음 괄호 안의 주어진 말과 〈보기〉의 말을 사용하여 글자 수에 맞게 우리말을 영작하세요.

보기	must	has to	don't have to	must not	doesn't have to

1 너는 문을 잠가야 한다. (lock the door)

➡ _____ (5단어)

2 Julie는 그녀의 숙제를 할 필요가 없다. (do, homework)

➡ _____ (7단어)

3 그들은 시끄럽게 해서는 안 된다. (make noise)

➡ _____ (5단어)

4 Kevin은 그의 손을 씻어야 한다. (wash)

➡ _____ (6단어)

5 나는 그녀를 만날 필요가 없다. (meet)

➡ _____ (6단어)

6 너는 깊은 물에서 수영하면 안 된다. (in deep water)

➡ _____ (7단어)

DAY 20 듣고 받아쓰기 ✿ **Day 20**에서 공부한 내용 중, 10개의 문장을 듣고 써보세요.

🎧 듣기 Mp3

1. My brother must ▢▢▢▢ now.

2. You must not run in ▢▢▢▢ ▢▢▢▢ .

3. We must drink 6 ▢▢▢▢ of water every day.

4. Joan doesn't have to ▢▢▢▢ her room.

5. I have to ▢▢▢▢ ▢▢▢▢ home all day.

6. I have to ▢▢▢▢ my computer.

7. You must not ▢▢▢▢ the street.

8. You must ▢▢▢▢ the door.

9. They must not ▢▢▢▢ ▢▢▢▢ .

10. You must not swim in ▢▢▢▢ ▢▢▢▢ .

조동사 shall / should

정답 및 해설 p. 26

Step 1 다음 우리말 뜻과 같도록 〈보기〉에 있는 단어와 **shall** 또는 **should**를 사용하여 문장을 완성하세요.

보기	have	wash	cook	be

1 우리는 극장에서 조용히 하는 게 좋겠다.

→ We _____ _____ quiet in the theater.

2 우리 저녁 식사할까?

→ _____ _____ _____ dinner?

3 제가 스테이크를 어떻게 요리해드릴까요?

→ _____ _____ _____ _____ the steak?

4 우리는 오늘 세차하지 않는 게 좋겠다.

→ We _____ _____ _____ our car today.

Step 2 다음 문장의 밑줄 친 부분을 바르게 고쳐 쓰세요.

1 Shall we <u>going</u> for a walk?

우리 산책할까? → _____

2 Anna should <u>drinks</u> warm water.

Anna는 따뜻한 물을 마시는 게 좋겠다. → _____

3 You <u>not should</u> call me at night.

너는 밤에 나에게 전화하지 않는 게 좋겠다. → _____

4 Shall <u>cook I</u> for you?

제가 당신을 위해 요리해드릴까요? → _____

5 We should <u>to clean</u> our room.

우리는 우리의 방을 청소하는 게 좋겠다. → _____

Step 3 다음 대답을 보고 주어진 단어와 '의문사＋shall'이 포함된 질문을 완성하세요.

1 A: _____ _____ we _____? (meet)
   B: At 2 o'clock.

2 A: _____ _____ we _____ tomorrow? (do)
   B: Let's watch movies.

3 A: _____ _____ I _____ there? (go)
   B: By subway.

4 A: _____ _____ we _____? (order)
   B: One hamburger and Coke.

5 A: _____ _____ we _____? (buy)
   B: The red shoes.

6 A: _____ _____ I _____ them? (visit)
   B: Tomorrow.

7 A: _____ time _____ I _____? (leave)
   B: At 9 o'clock.

8 A: _____ _____ we _____ the sofa? (buy)
   B: At that store.

9 A: _____ _____ I _____ this book? (put)
   B: On the table.

10 A: _____ _____ we _____ them? (see)
   B: At 10 o'clock.

Step 4 다음 대화의 빈칸에 should나 should not을 넣어 A의 말에 B가 충고하는 문장을 완성하세요.

1 A: It is raining.

B: You _____ take an umbrella.

2 A: It is cold today.

B: You _____ go outside.

3 A: I am hungry.

B: You _____ eat some food.

4 A: I do not have money.

B: You _____ waste money.

5 A: I am sleepy.

B: You _____ go to bed early.

6 A: I have a cold.

B: You _____ drink cold water.

7 A: I am sick.

B: You _____ see a doctor.

8 A: My room is messy.

B: You _____ clean your room.

9 A: I am tired.

B: You _____ take a rest.

10 A: I am thirsty.

B: You _____ drink some water.

DAY 21 듣고 받아쓰기　✿ **Day 21**에서 공부한 내용 중, 10개의 문장을 듣고 써보세요.

🎧 듣기 Mp3

1. You should be _____ in the _____.

2. _____ we have dinner?

3. You _____ _____ call me at night.

4. _____ _____ we _____ ?

5. _____ _____ we _____ ?

6. What time shall I _____ ?

7. You should _____ an umbrella.

8. You should not _____ _____ .

9. You should not _____ _____ .

10. You should _____ _____ _____ .

Chapter 7

단어 TEST

○ 반드시 반을 접어서 사용하세요.

Type **1** 다음 영단어에 대한 우리말 뜻을 쓰세요.

1	fish bowl	
2	regularly	
3	polite	
4	lie	
5	waste	
6	turn off	
7	turn on	
8	hurry	
9	library	
10	painting	
11	uniform	
12	take off	
13	visit	
14	finish	
15	wash	
16	tie	
17	stay	
18	have a cold	
19	see a doctor	
20	headache	
21	listen to	
22	go to bed	
23	brush	
24	match	
25	tomorrow	

Type **2** 다음 우리말에 해당하는 영단어를 쓰세요.

1	어항	
2	규칙적으로	
3	공손한	
4	거짓말	
5	낭비하다	
6	(전등을) 끄다	
7	(전등을) 켜다	
8	서두르다	
9	도서관	
10	그림	
11	제복, 교복	
12	벗다	
13	방문하다	
14	끝내다	
15	씻다	
16	넥타이	
17	머무르다	
18	감기에 걸리다	
19	병원에 가다	
20	두통	
21	(귀기울여) ~을 듣다	
22	잠자리에 들다	
23	칫솔질하다	
24	성냥	
25	내일	

Step 1   다음 우리말 뜻과 같도록 빈칸에 알맞은 말을 쓰세요.

1 아침에 일찍 일어나라.

→ _____ up early in the morning.

2 샌드위치를 사지 말자.

→ _____ _____ buy sandwiches.

3 그 그림들을 만지지 마라.

→ _____ touch the paintings.

4 방과 후에 피아노 연주하자.

→ _____ play the piano after school.

5 화내지 마세요.

→ _____ be angry, please.

Step 2   다음 문장의 밑줄 친 부분을 바르게 고쳐 쓰세요.

1 Let's <u>makes</u> a snowman.
눈사람을 만들자.

→ _____

2 Don't <u>are</u> late for school.
학교에 늦지 마.

→ _____

3 <u>Not</u> use too much water.
물을 너무 많이 쓰지 마라.

→ _____

4 <u>Takes</u> care of your sister.
너의 여동생을 돌봐라.

→ _____

5 <u>Not let's</u> take a taxi.
택시를 타지 말자.

→ _____

Step 3 다음 우리말 뜻과 같도록 주어진 단어들을 바르게 배열하세요.

1 내일 그를 방문하지 말자. (him / visit / let's / tomorrow / not)

→ _____

2 같이 영어를 공부하자. (study / English / let's / together)

→ _____

3 일찍 잠자리에 들어라. (to / bed / go / early)

→ _____

4 그 가위를 만지지 마라. (touch / don't / scissors / the)

→ _____

Step 4 다음 주어진 말을 사용하여 우리말을 영작하세요.

1 숙제를 하자. (our)

→ _____ _____ _____ _____.

2 치즈를 조금 사자. (some)

→ _____ _____ _____ _____.

3 콜라를 마시지 말자. (Coke)

→ _____ _____ _____ _____.

4 밖에서 놀지 마라. (outside)

→ _____ _____ _____.

5 어떤 물도 마시지 마라. (any)

→ _____ _____ _____ _____.

Step 5 Susie와 친구들이 좋은 교실을 만들기 위한 규칙들을 정리하고 있습니다. 표를 보고 해야 할 것들 (Dos)과 하지 말아야 할 것들(Don'ts)에 관한 문장을 완성하세요. (단, 괄호 안에 제시된 우리말을 참고 할 것)

Dos	study	clean	be kind	do homework	be honest
Don'ts	be late	run	make noise	fight	shout

1 _____ hard. (열심히 공부하자.)

2 _____ the classroom together. (함께 교실을 청소하자.)

3 _____ kind to everyone. (모든 이에게 친절해라.)

4 _____ your homework. (숙제해라.)

5 _____ honest. (정직해라.)

6 _____ late for school. (학교에 늦지 말자.)

7 _____ in the classroom. (교실에서 뛰지 말자.)

8 _____ noise. (시끄럽게 하지 마라.)

9 _____ with friends. (친구들과 싸우지 마라.)

10 _____ to classmates. (반 친구들에게 소리치지 마라.)

DAY 23 듣고 받아쓰기   ☼ **Day 23**에서 공부한 내용 중, 10개의 문장을 듣고 써보세요.

🎧 듣기 Mp3

1. [_____] [_____] buy sandwiches.

2. [_____] [_____] the paintings.

3. Let's [_____] our homework.

4. [_____] [_____] angry, please.

5. Let's buy [_____] [_____].

6. Don't play [_____].

7. Let's [_____] [_____].

8. [_____] [_____].

9. Don't [_____] with friends.

10. Don't [_____] to classmates.

감탄문(1), (2)

Step 1 what 또는 how와 주어진 말을 사용하여 다음 문장을 완성하세요.

1 _____ _____ the man is! (kind)

2 _____ _____ _____ cap it is! (nice)

3 _____ _____ the river is! (deep)

4 _____ _____ the movie is! (fun)

5 _____ _____ rooms they are! (dirty)

6 _____ _____ _____ palace it is! (old)

7 _____ _____ dogs they are! (clever)

Step 2 다음 우리말 뜻과 같도록 주어진 단어들을 바르게 배열하세요.

1 그 드레스는 매우 예쁘구나! (the / how / dress / pretty / is)

   ➡ _____

2 그는 매우 똑똑한 어린이구나! (he / is / what / smart / a / child)

   ➡ _____

3 그것은 매우 시원한 주스이구나! (cold / it / is / juice / what)

   ➡ _____

4 그 차는 매우 빨리 달리는구나! (runs / fast / car / the / how)

➡ _____

5 그 새는 매우 높이 나는구나! (flies / bird / how / the / high)

➡ _____

6 그녀는 매우 노래를 잘하는구나! (she / a / good / is / singer / what)

➡ _____

Step **3**   다음 주어진 말을 사용하여 우리말을 영작하세요.

1 그것은 매우 튼튼한 이빨을 가졌구나! (strong teeth, has)

➡ _____ _____ _____ _____ _____!

2 그 공원은 매우 크구나! (large)

➡ _____ _____ _____ _____ _____!

3 그것들은 매우 짜구나! (salty)

➡ _____ _____ _____ _____!

4 그것은 매우 조용한 방이구나! (quiet)

➡ _____ _____ _____ _____ _____!

5 그의 바지는 매우 멋지구나! (nice, pants)

➡ _____ _____ _____ _____ _____!

6 그녀는 영어를 매우 빨리 말하는구나! (speaks, English)

➡ _____ _____ _____ _____ _____!

Step **4**   다음은 **Jenny**가 방학을 보내면서 기록한 내용입니다. 각 문장을 괄호 안의 지시에 맞게 감탄문으로 바꾸세요.

Today is Sunday. ❶ It is a very sunny day.
I go to the beach with my dad. ❷ It is a really beautiful beach.
❸ The water is so clear. ❹ The air is very fresh. ❺ The sand is very soft.
There are a lot of fish in the sea. ❻ They are very small fish.
My dad swims in the sea. ❼ He swims very fast.

❶ _____
(**what**을 사용할 것 / 6단어)

❷ _____
(**What**를 사용할 것 / 6단어)

❸ _____
(**how**를 사용할 것 / 5단어)

❹ _____
(**how**를 사용할 것 / 5단어)

❺ _____
(**how**를 사용할 것 / 5단어)

❻ _____
(**what**을 사용할 것 / 5단어)

❼ _____
(**how**를 사용할 것 / 4단어)

DAY 24 **듣고 받아쓰기** ❂ **Day 24**에서 공부한 내용 중, 10개의 문장을 듣고 써보세요.

🎧 듣기 Mp3

1. _____ _____ the river is!

2. _____ _____ old palace it is!

3. _____ _____ dogs they are!

4. How _____ the bird _____ !

5. How _____ they are!

6. What a _____ room it is!

7. What a beautiful _____ it is!

8. How _____ the water is!

9. What _____ _____ they are!

10. How _____ he _____ !

Type **1** 다음 영단어에 대한 우리말 뜻을 쓰세요.

1	carefully	
2	picture	
3	go for a walk	
4	loudly	
5	eat out	
6	bookstore	
7	stay	
8	clap	
9	throw	
10	sweet	
11	grape	
12	go on a picnic	
13	expensive	
14	wonderful	
15	again	
16	funny	
17	exciting	
18	heavy	
19	fresh	
20	dangerous	
21	afraid	
22	take a rest	
23	honest	
24	worry	
25	clear	

Type **2** 다음 우리말에 해당하는 영단어를 쓰세요.

1	주의깊게, 신중하게	
2	사진, 그림	
3	산책하다	
4	크게	
5	외식하다	
6	서점	
7	머무르다	
8	박수치다	
9	던지다	
10	단 것, 사탕 및 초콜릿류	
11	포도	
12	소풍가다	
13	비싼	
14	아주 멋진	
15	한번 더, 다시	
16	재미있는, 우스운	
17	흥미로운	
18	무거운	
19	신선한	
20	위험한	
21	두려운	
22	쉬다	
23	정직한	
24	걱정하다	
25	맑은, 분명한	

초등영문법
문장의
원리

Level
3

메가스터디BOOKS

내용 문의 02-6984-6908 | 구입 문의 02-6984-6868,9 | www.megastudybooks.com

한자를 알면
공부 포텐이 터진다!

"공부가 습관이 되는 365일 프로젝트"

이서윤쌤의
초등 한자 어휘 일력

초등 전학년

· 재미있는 만화로 아이가 스스로 넘겨보는 일력
· 이서윤 선생님이 뽑은 한자 365개
· 한자 1개당 어휘 4개씩, 총 1460개 어휘 학습
· 의미 중심 3단계 어휘 공부법

"습관이 실력이 되는 주요 과목 필수 어휘 학습"

이서윤쌤의
초등 한자 어휘 끝내기

· 초등학생이 꼭 알아야 할 교과서 속 필수 어휘
· 수준별 일상생활 어휘, 고사성어 수록
· 하루 2장, 한 개의 한자와 8개의 어휘 학습
· 공부 습관 형성부터 실력 발전까지!

1단계 주요 교과 어휘＋일상생활 어휘 | 초등 2~3학년 권장
2단계 주요 교과 어휘＋고사성어 어휘 | 초등 3~4학년 권장
3단계 주요 교과 어휘＋고사성어 어휘 | 초등 4~5학년 권장

이 서 윤 선생님

· 15년차 초등 교사, EBS 공채 강사
· MBC '공부가 머니?' 외 교육방송 다수 출연
· 서울교육전문대학원 초등영어교육 석사

★ **부모를 위한 자녀 교육 유튜브 : 이서윤의 초등생활처방전**
★ **학생들을 위한 국어 공부 유튜브 : 국어쌤**